汉语近义词语辨析

杨雪梅 编著

北京大学出版社
PEKING UNIVERSITY PRESS

图书在版编目(CIP)数据

汉语近义词语辨析/杨雪梅编著.—北京:北京大学出版社,2011.5
ISBN 978-7-301-18829-3

Ⅰ.汉…　Ⅱ.杨…　Ⅲ.汉语-同义词-辨析-对外汉语教学-教材　Ⅳ.H195.4

中国版本图书馆 CIP 数据核字(2011)第 074183 号

书　　　名：汉语近义词语辨析
著作责任者：杨雪梅　编著
责　任　编　辑：杜若明　　刘　正
标　准　书　号：ISBN 978-7-301-18829-3/H·2821
出　版　发　行：北京大学出版社
地　　　址：北京市海淀区成府路 205 号　100871
网　　　址：http://www.pup.cn
电　子　邮　箱：zpup@pup.pku.edu.cn
电　　　话：邮购部 62752015　发行部 62750672　编辑部 62753334
　　　　　　出版部 62754962
印　刷　者：北京虎彩文化传播有限公司
经　销　者：新华书店
　　　　　　730 毫米×980 毫米　16 开本　19 印张　480 千字
　　　　　　2011 年 5 月第 1 版　2021 年 2 月第 3 次印刷
定　　　价：45.00 元

未经许可,不得以任何方式复制或抄袭本书之部分或全部内容。
版权所有,侵权必究　　举报电话：010-62752024
　　　　　　　　　　　电子邮箱：fd@pup.pku.edu.cn

序

　　作为第二语言汉语的学习,除了语法的掌握外,词汇的学习也是一个重要方面。实际上,汉语学习者的在词汇方面的偏误并不比语法偏误少。然而,目前的对外汉语教学,对语法教学极为重视,而对词汇教学却关注不够,这种状况需要改变。

　　杨雪梅的《汉语近义词语辨析》一书是面向汉语作为第二语言学习者的一本词汇学习教材。编者是对外汉语教学的一线教师,该书选词讲究,编排巧妙,讲解准确,是在她二十余年的对外汉语教学工作经验基础上精心编写而成。

　　该书的特点可以总结为以下三点:

　　1. 对比和比较。词汇学习中,近义词的误用、混用是一个普遍现象,因此,从近义词的辨析入手,可以批量解决词汇学习中的问题。该书根据长期的教学经验,收录了汉语学习者常出错误的 62 组近义词,对比和比较同组词在意义和用法上的异同。著名语言学家陆俭明说:"对于一个外国学生来说,全面了解某个虚词的意义和用法固然重要,但更需要了解掌握同义、近义或反义虚词在意义和用法上的异同或对立,这对提高他们汉语的说写能力,有着直接而明显的帮助。"(《关于汉语虚词教学》,《语言教学与研究》1980 年第 4 期)其实,不光虚词的学习如此,实词的学习也同样如此。

　　2. 练习和讲解结合。该书分为两部分,前一部分是练习,后一部分是答案和讲解。学习语言的精髓在于运用和熟能生巧,仅仅是教师给学习者灌输语法、词汇知识,学习者不可能学好语言,学习者自己的语言实践是掌握语言的重要一环。该书不是单纯地讲解词汇、词义知识,而是通过大量练习题的操练,让学习者在语言实践中巩固以前学到的语言知识,逐步培养语感,使之成为自己语言能力的一部分。而练习中遇到的问题,又可以通过后面的答案和讲解得到解决。

3. 课文安排由浅入深,循序渐进。每一课的练习首先是"做一做",让学习者选择这一课所讲的近义词填空。然后是"读一读",给出包含所讲词语的完整句子,让学生阅读。这样安排的好处是学生在"做一做"时遇到的困难,部分可以在"读一读"时得到解决,因为通过具体例子的阅读,学生可以自己总结某个词语的意义和用法。第三个环节是"想一想",向学生就某个词语的意义和用法提出问题,让学生思考。第四个环节是"练一练",再次给出填空练习题和正误判断题,让学生对刚学到的知识进行检验和巩固。最后是"说一说",让学生用口说的形式朗读和造句。这五种题型的安排相互衔接,很好地照顾了学习者的认知特点。学生经过这五个步骤的操练,要掌握某个词的意义和用法应该不会困难。

目前,对外汉语教学事业红红火火,如日中天,但在喧闹的背后,更需要扎扎实实汉语本体研究、教材编写和教学研究的基础建设,杨雪梅的这本《汉语近义词语辨析》可以说就是对外汉语教学基础建设的一块厚实的砖瓦。希望从事汉语本体研究和对外汉语教学研究的学者、对外汉语教学的一线教师,拿出更多的扎实成果,为对外汉语教学建设添砖加瓦。

郭　锐
2011 年 2 月 17 日于北京大学

前　言

本教材适合具有中级汉语水平的外国人学习汉语使用,既可以作为课堂教学的教材,也可以作为自学汉语的参考书;既可以用来提高汉语词汇水平,也可以用来备考 HSK 汉语水平考试。

在中级阶段,随着学习的不断深入,词汇量逐渐扩大。一方面,多义词的数量增加;另一方面,学生每学习一个新词都会跟已学过的意义相近的词进行比较,通过比较掌握新词。由于汉语内部自身的复杂性而引起的错误的比例逐渐上升。这就要求我们在中级阶段的词汇教学中应该更重视词汇知识学习,尤其需要注意指导学生对词义相近的词语之间异同有更细致准确的理解和掌握。

近义词语的辨析可以有效地帮助学生正确地理解词义,准确地使用词语以及扩大词汇量。对于中级水平的学生来说,词汇的学习越来越重要,甚至可以说学生能否顺利度过中级阶段常见的汉语水平提高缓慢、甚至停滞不前的"高原期",词汇量的扩大以及对词汇的准确掌握是至为关键的一个因素;而通过近义词语的比较是实现扩大词汇量、准确掌握词语的有效手段。近义词语的辨析主要从语义、语法和语用三个方面进行分析。语义分析是从词的语素义、词的构成等角度分析近义词的语义侧重、轻重程度、范围大小等词汇意义的不同;语法分析是分析近义词的词性、语法功能以及常用的搭配;语用分析就是分析近义词的感情色彩、语体色彩以及形象色彩的不同。通过这样的辨析,一是可以让学生对近义词有更清晰的认识和理解,并在此基础上进行大量的练习,让学生准确地使用。二是通过这种分析的训练,可以潜移默化地培养学生的一种学习能力,使其对汉语词汇系统的构成特点和规律有深入的了解,从而达到批量学习汉语词汇的目标。

"汉语近义词语辨析"是一门语言知识课。语言知识的讲解是在大量的例句以及练习的基础之上的总结。通过大量例句对汉语中常用的近义词语进行辨析,从而使学生了解、掌握它们之间的不同并能准确地使用,并在此基础上帮助学生掌握辨析近义词语的一些基本方法。

本教材辨析的近义词以国家汉办编写的《汉语水平词汇与汉字等级大纲》中的乙级、丙级词为主要选词对象,选取的近义词都是在外国人学汉语的过程中极易产生混淆、难以辨清的词语。教材中每课出现的所有的句子均选自正式出版发行的报刊、杂志和小说,以保证句子的真实性。我们选择其中具有典型性的句子,但为了适应教学,在不改变句子整体结构的前提下,对一些句子做了部分改动。

教学建议:周课时2节,每周1课。每次课围绕3~5组容易混淆的近义词来组织教学,一个学期学完全部62组近义词,共计150个词语和结构。

每组近义词的学习都分为五个环节:1)"做一做"这一部分是课前预习,要求学生在上课前做好,目的是让学生在课前有所思考,做好心理准备。2)"读一读"在这一部分有一些典型的例句,学生通过朗读加深课前的思考,并在老师的指导下结合"想一想"的问题体会它们的区别。3)"想一想"在"读一读"环节朗读例句的基础上,学生在教师的引导下分析总结出对比的近义词的区别,教师可以做适当的补充。4)"练一练"给出更进一步的练习,来加深学生的印象。5)"说一说"在总结的基础上,给出了词语的一些常用的搭配。学生记住这些常用搭配,而不是单独地记忆生词,有利于学生的使用。教师可以让学生使用这些搭配说出正确的句子,或者布置为课后作业。

本教材我在北京语言大学曾经使用了多年,其间在征得了很多同学和老师的意见后,做过多次修改,在此对大家表示感谢!并真诚地希望使用本教材的各位师生提出宝贵意见。

杨雪梅

2011年1月24日

目录

第一课 ·· 1
　　保持　维持；举行　举办；变　变化　改变；善于　擅长　拿手

第二课 ·· 13
　　帮　帮忙　帮助；抱怨　埋怨；满意　满足；面临　面对

第三课 ·· 25
　　接近　靠近；急忙　连忙　匆忙；左右　上下　前后；先后　前后

第四课 ·· 36
　　暗暗　偷偷　悄悄；通常　平常；轻视　忽视；临时　暂时　一时

词汇知识（一） ·· 48

第五课 ·· 52
　　一旦　万一；即使　尽管　虽然；以至　甚至；除非　只有

第六课 ·· 62
　　自从　自从；朝　向　往；替　为　给

1

第七课 ………………………………………………………………… 73
　　对　对于　关于；按照　根据；经过　通过；沿着　顺着

第八课 ………………………………………………………………… 84
　　多亏　幸亏　好在；常常　经常　往往；时常　不时　时时

词汇知识（二）……………………………………………………… 93

第九课 ………………………………………………………………… 98
　　按时　准时；刚　刚刚　刚才；千万　万万；亲自　亲身

第十课 ………………………………………………………………… 109
　　几乎　简直；差点儿　几乎；到底　终于　总算；毕竟　究竟

第十一课 ……………………………………………………………… 120
　　从来　向来　一向；一连　一口气　接连；连连　一个劲儿；一直　始终

第十二课 ……………………………………………………………… 132
　　不比　没有；不如　不及；不免　难免；以免　免得　省得

词汇知识（三）……………………………………………………… 144

第十三课 ……………………………………………………………… 150
　　故意　有意；轻易　随便；顺手　顺便；眼看　马上　立刻

第十四课 ……………………………………………………………… 161
　　本来　原来；明　明明　分明；正好　恰好；照常　照旧　照样

目 录

第十五课 ··· 173
  便于 以便;不得不 只好;何必 何苦;何况 况且 再说

第十六课 ··· 183
  巴不得 恨不得;好不容易 很难;在……上 在……中 在……下;
  拿……来说 对……来说 在……看来

词汇知识（四） ·· 195

学习参考 ··· 200
  第一课 ··· 200
  第二课 ··· 206
  第三课 ··· 211
  第四课 ··· 216
  第五课 ··· 221
  第六课 ··· 226
  第七课 ··· 234
  第八课 ··· 239
  第九课 ··· 244
  第十课 ··· 251
  第十一课 ··· 256
  第十二课 ··· 262
  第十三课 ··· 269
  第十四课 ··· 276
  第十五课 ··· 282
  第十六课 ··· 286

附录 ··· 292

第一课

保持　　维持

连线：

完整　秩序　理智　清醒　生存　传统　婚姻　友谊　生命　警惕　现状　治安

例：

【保持】

1. 尽管多年来他一直身体不好，但是他一直**保持**着积极乐观的态度。
2. 北京的城市建设要注意**保持**北京的特点和风貌（fēngmào style and features）。
3. 我们大学毕业以后一直**保持**着联系。

【维持】

4. 明天在足球赛场肯定有警察**维持**秩序。
5. 家里人一起努力**维持**着这个家,才勉强度过了这一年。
6. 为了**维持**工厂的正常生产,厂长想尽了办法。

1. "保持""维持"是什么词?
2. 它们共同具有的含义是什么?
3. "读一读"例句中的"保持""维持"能不能互换?
4. 它们带的宾语有什么特点?

练一练

一、填空:

1. 这些钱可以_____小林一个月的花费。
2. 不管发生什么情况,都要_____冷静。
3. 他们全家人的生活都靠父亲的那点儿工资_____。
4. 虽然退出了国家队,但他仍然_____着很强的实力。
5. 他的病情已经很严重了,现在医生只能靠机器_____他的生命。

二、判断正误:

1. 永远保持一颗童心,你就不会变老。　　　　　　　　　　　(　　)
2. 要身体健康,首先就要维持良好的生活习惯。　　　　　　　(　　)
3. 他想改善家里的条件,换一套新家具,却遭到母亲的反对,所以只好维持原状。　　　　　　　　　　　　　　　　　　　　　　(　　)
4. 他们夫妻关系一直不好,直到今年才解除了保持了十多年的婚姻关系。　　　　　　　　　　　　　　　　　　　　　　　　　(　　)
5. 他每个月的工资除了维持自己的生活以外,就所剩无几了。　(　　)

三、连线：

暂时　　　　　　　　保持　　　　　清醒的头脑

永久　　　　　　　　　　　　　　一贯的传统

一直　　　　　　　　　　　　　　基本的生活水平

好不容易　　　　　　维持　　　　好的学习习惯

　　　　　　　　　　　　　　　　一流的水平

　　　　　　　　　　　　　　　　破裂的婚姻关系

　　　　　　　　　　　　　　　　社会秩序

一、朗读下列词组：

保持：● ～水平、～成绩、～距离、～传统、～中立、～联系、～风格、～沉默、～自信、～独立、～警惕、～冷静、～习惯、～青春、～尊严、～热情、～健康、～体力

● 一直～、永远～、继续～、仍然～、始终～

● ～下去、～到永远、～得很好、～住

维持：● ～秩序、～治安、～生活、～关系、～婚姻、～地位、～生命、～油价、～现状、～学业

● 只能～、勉强～、暂时～、尽力～

● ～下去、～不了、～不好、～住

二、把下面的词组扩展成句子：
1. 保持联系：_____。
2. 始终保持：_____。
3. 保持下去：_____。
4. 维持生活：_____。
5. 只能维持：_____。
6. 维持不了：_____。

三、选择"一"中的词组造句：

举行　　举办

做一做

填空：
1. 我们今天_____的辩论，是由一张照片引起的。
2. 座谈会由中共中央办公厅_____。
3. 那一天，我们还在那个操场_____了一个开学典礼。
4. 他自1979年以来，在北京、香港、台湾等地_____个人作品展12次。

例:

【举行】

1. 他们今天将**举行**一场盛大的结婚典礼。
2. 昨天中日两国领导人**举行**了会谈。
3. 第29届夏季奥运会于2008年8月8日至24日在北京**举行**。

【举办】

4. 他多次在国内外**举办**个人书法展。
5. 意大利驻华使馆16日在北京**举办**画展,纪念马可·波罗来中国750周年。
6. 春节联欢晚会是由中央电视台和全国各地电视台联合**举办**的。

1. "举行"和"举办"是什么词?
2. "举行"的"行"和"举办"的"办"是什么意思?
3. "读一读"例句中"举行"和"举办"能不能互换?

一、填空:

1. 北京将_____大型百货业博览会。
2. 美日将_____联合军事演习。
3. 中日青少年歌手电视友好邀请赛已在北京_____。
4. 这是国家行政学院首次_____的高级干部研究班。
5. 这项活动由香港商报、香港有线电视台联合_____。

二、判断正误：
1. 这个为期两天的研讨会是由几家单位联合举行的。（ ）
2. 第17届世界杯竞走赛是中国举办的第一个世界田径大赛。（ ）
3. 亚洲冬季运动会于明年年初在哈尔滨市举办。（ ）
4. 村冈久平说，前五届中日太极拳交流大会都在中国举行，第六届在日本举行，这是日本第一次举办这样的大会，……（ ）

三、连线：

举行	会谈
	音乐欣赏节目
	谈判
	知识讲座
举办	岗前培训班
	游行示威

一、朗读下列词组：
举行 ● ～毕业典礼、～记者招待会、～欢迎仪式、～学术报告会、～宴会、～开幕式、～新闻发布会、～庆祝活动、～运动会、～文艺晚会、～美术展览、～婚礼、～舞会；～比赛、～游行、～谈判、～演出、～座谈、～会谈、～总统大选

举办 ● ～运动会、～文艺晚会、～比赛、～美术展览、～婚礼、～舞会、～讨论会、～个人演唱会、～音乐会、～学习班、～培训班、～讲座

二、把下列词组扩展成句子：
   1. 举行欢迎仪式：_____。
   2. 举办个人演唱会：_____。
   3. 举行座谈：_____。
   4. 举办婚礼：_____。

三、选择"一"中的词组造句：

变　变化　改变

做一做

填空：
   1. 我这辈子就希望这个世界____得更光明美好。
   2. 我就知道你_____了，你觉得你出名儿了，跟过去不一样了，是不是？
   3. 这九年里，我家发生了不少_____。
   4. 这个城市的一切都是在迅速_____着——房屋、街道以及人们的穿着和话题。
   5. 王刚决心一定要_____家乡的面貌。
   6. 计划的_____是因为天气发生了_____。

读一读

例：

【变】

1. 小林心里一阵紧张,他老婆的脸也吓得**变**了色。
2. 这种人太可怕了,说**变**心就**变**心。
3. 结婚之前大手大脚,结婚之后,生了孩子,就**变**得十分节俭。
4. 过了今天,"今天"就**变**成了"昨天","明天"就**变**成了"今天"。

【变化】

5. 中国现在发生的**变化**主要是从一九七八年底开始的。
6. 我们真正的**变化**还是在农村,有些**变化**出乎我们的预料。
7. 世界在**变化**,我们的思想和行动也要随之而变。
8. 此刻他心情复杂,脸上的表情也迅速**变化**着。

【改变】

9. 你要是再不**改变**态度,我们就不客气了啊!
10. 贫困并非**改变**不了。
11. 这些情况比十年前已有了很大的**改变**。
12. 在这篇文章中,他的观点有了一些**改变**。

想一想

1. "变""变化""改变"是什么词?
2. 它们是指客观事物自然的变化?还是指主观行为引起的变化?
3. 做动词时,它们能不能带宾语?
4. "读一读"例句中的"变""变化""改变"能不能互换?

一、填空：

1. 只有他的一个表哥来的时候,他的生活才有一点_____。
2. 有一句话是:男人有钱就_____坏,女人_____坏就有钱。
3. 他的脸上没有任何表情_____。
4. 一封信,_____了李先生的人生轨迹,这是他做梦也想不到的。
5. 我们对香港的政策五十年不_____,我们说这个话是算数的。

二、判断正误：

1. 现在时代发展了,科学技术发达了,物质生活发生了极大的改变。（ ）
2. 我的经验吧,男人就是,你对他好,他就不尊重你;你变成母老虎,他就给你跪下。（ ）
3. 王喜点点头:"你放心,我已经变化了主意啦,不会非要去见她的。"（ ）
4. 从称谓上说,我的身份跟随着时代变化着,年龄也自然而然地高了。（ ）
5. 高雪小时候不怎么好看,没想到,女大十八变,两三年工夫,变成了一个美人。（ ）
6. 谁也说不清是从什么时候起,小芳改变得漂亮了。（ ）

一、朗读下列词组：

变 ●～色、～形、～心、～卦、～样、～天、～调、～脸、～质、～味儿、～戏法

●～好、～坏、～富、～小、～浅、～成、～为、～得很拥挤

变化 ● 很大的～、一些～、明显的～、惊人的～、毫无～
   ● 出现～、发生～
   ● 不停地～、不断～
   ● ～得很快、～着
改变 ● ～习惯、～主意、～看法、～自己、～方向、～命运、～方法、～态度、～计划
   ● 很大的～、计划的～、重大的～、习惯的～、观念的～

二、把下面的词组扩展成句子：

1. 变心：_____。
2. 惊人的变化：_____。
3. 改变看法：_____。
4. 变成：_____。
5. 发生变化：_____。
6. 不断变化：_____。
7. 很大的改变：_____。

三、选择"一"中的词组造句：

善于　擅长　拿手

填空：

1. 她很_____交际，刚来北京一个月，周围已经开始有了一些新的朋友。

2. 今年11岁的甜甜_____绘画,她的绘画作品曾在国际比赛中获金奖。
3. 我喜欢当足球解说员,这可是我的_____活儿。

例:

【善于】

1. 都说他**善于**经营,会做生意。
2. 我父亲**善于**行动而不**善于**表达。
3. 作为经理,要**善于**发挥员工的积极性。
4. 她很随和,**善于**和人相处。

【擅长】

5. 这些孩子有的**擅长**音乐,有的**擅长**文学。
6. 他**擅长**画山水画,不**擅长**画人物画。
7. 这位作家在表现农村和农民生活方面很**擅长**。
8. 每个人都有自己最**擅长**的一面。

【拿手】

9. 我把朋友请到家里来,让他们每人做一道**拿手**菜。
10. 她的**拿手**曲目《圆梦》为听众所喜爱。
11. 我们几个人中,做中国菜还是小王最**拿手**。
12. 虽然烧菜做饭往往认为女人**拿手**,但饭店的厨师却十有八九是男的。

1. "善于""擅长""拿手"共同具有的含义是什么?
2. 上面三个词是什么词性?
3. "善于""擅长"带的宾语有什么特点?
4. "读一读"例句中的"善于""擅长""拿手"能互换吗?

汉语近义词语辨析

练一练

一、填空：
1. 你很_____表达对人的好感。
2. 美洲排球不但有高度和速度,而且一贯_____发球。
3. 做这个菜我挺_____。
4. 教师要_____发现学生的每一点微小的进步,及时表扬,给予肯定。
5. 他不仅口吃,也不_____讲话。

二、判断正误：
1. 年轻时的父亲是个英俊的小伙子,而且擅长打篮球。　　　（　　）
2. 她善于烹调,我们经常能享受到她制作的美食。　　　　　（　　）
3. 我说："我们是好朋友,她给我看了她的拿手戏,我也得给她看我的拿手戏。"　　　　　　　　　　　　　　　　　　　　　　　（　　）
4. 去饭店吃饭,我会请服务员推荐一两道店里擅长的特色菜。（　　）
5. 幼儿非常善于模仿,他们常常模仿成人的用词、用语甚至语调。
　　　　　　　　　　　　　　　　　　　　　　　　　　（　　）

说一说

一、朗读下列词组：
善于 ●～交际、～思考、～幻想、～表达、～谈天、～忍耐、～动脑筋、～和人相处、～总结经验、～理解别人
擅长 ●～写作、～文学、～书法、～武术、～口才、～体育、～交际、～摄影；～打仗、～写诗、～画马、～画山水、～演奏、～表演、～猜谜
拿手 ●～菜、～的本领、～活
　　　●最～、很～

二、选择上面的词组造句：

帮　帮忙　帮助

填空：

1. 没有你们的支持和_____，就没有我今天的成绩。
2. 她跟我商量，能不能抽出一点时间_____她补习补习。
3. 在朋友的_____下，我找到一份做汉学研究的工作。
4. "你们____了我的____，我还没有谢你们呢！"
5. 大姐_____着我打开行李，安放好东西。
6. "我怕_____不了你们多少_____，只好你们自己照顾自己了。"

例：

【帮】

1. 我先盛好自己的饭，再**帮**她盛一碗。
2. 我很感谢他，忙上前**帮**着提箱子。
3. 现在谁也**帮**不了你了，包括你的父母。

【帮忙】

4. 我车坏了,多亏他们**帮忙**修好。
5. 我问他:"要我**帮**你什么**忙**吗?"
6. 小波的木匠手艺不错,他常给人**帮忙**做家具。

【帮助】

7. 在朋友的**帮助**下,小丽来到了成都。
8. 她们想方设法**帮助**那些离婚妇女,给予精神上的鼓励。
9. 他这人心眼儿好,肯**帮助**人。

想一想

1. "帮""帮忙""帮助"共同具有的含义是什么?
2. 它们是什么词?
3. 它们在语体上有什么不同?
4. "读一读"例句中的"帮""帮忙""帮助"能不能互换?

练一练

一、填空:

1. 这时只好把她父母请来_____。
2. 孩子放在你家里,让你妈妈_____带。
3. 在其他老师的_____下,她转学到了东方大学。
4. 他找遍了有可能____上____的所有人。
5. 他走下台去,请一位女孩儿:"小姐,请您上台_____我一下。"

二、判断正误:

1. 我们公司历来有个规矩,对帮过公司忙的朋友,一个也不会忘记。

(   )

2. 这种感受后来帮忙我度过了很多困难的时刻,使我面对挫折时,能够从容平静。（　　）
3. 他一句接一句地重复着说"帮帮我……帮帮我……"（　　）
4. 有时,他写文章累了,很想让妻子帮忙着抄写,她却连笔也不会拿。（　　）
5. 我写的东西有错,你指出了我的错误,我非常感谢,这是对我极大的帮助,我终生难忘。（　　）

说一说

一、朗读下列词组：

帮
- ～老师、～他打扫房间、
- ～～他、～～我
- ～一下、～过一回、～了几天、～着干活儿、～不上你、～成了、～不了、～得上、～不着、～不过来

帮忙
- 帮他的忙、给他帮忙、帮个忙
- 帮帮忙
- 帮一下忙、帮过几次忙、帮了一会儿忙、帮过忙、帮了大忙、帮不了忙、帮不上忙、

帮助
- ～老人、～他几块钱、～克服困难、～他学习汉语
- ～～他
- ～不了、～下去、～不过来
- 在……的～下

二、把下列词组扩展成句子：

1. 帮不了：_____。
2. 帮不过来：_____。
3. 帮不上忙：_____。
4. 在朋友的帮助下：_____。

5.帮助老人：_____。

三、选择"一"中的词组造句：

抱怨　　埋怨

填空：

1. 那天晚上,他第一次_____嗓子痛："咽食都难受。"
2. 小兰_____着白力,怪他去得太久了。
3. 小兰_____起来,说："刚才天气还好好的,怎么说起风就起风啊！"
4. 把他们送走后,妻子_____我："叫你少管闲事儿,你偏不听。"

例：

【抱怨】

1. 父亲一直**抱怨**住院后晚上睡不好觉,老做噩梦。
2. 人们**抱怨**着什么都涨价了,就是工资不涨。
3. 张老师**抱怨**道："现在商品质量实在让人放心不下。"
4. 她**抱怨**家里人不关心她,中秋节也没收到家里寄来的月饼。

【埋怨】

5. 医生**埋怨**我们说:"再晚点送来,老人就危险了。"
6. 他一看这情形,也傻了,一个劲地**埋怨**自己。
7. 妈妈**埋怨**女儿当初不该不听她的话。
8. 我心里暗暗**埋怨**小王,不该给我出这种主意。

想一想

1. "抱怨""埋怨"是什么词?
2. 它们共同具有的含义是什么?
3. 它们的语义重点有什么不同?
4. "抱怨"的对象是什么?"埋怨"的对象是什么?
5. "读一读"例句中的"抱怨""埋怨"能不能互换?

练一练

一、填空:

1. 他开始____自己缺乏经验。
2. 他_____科长,说他该问的不问,不该问的问得起劲。
3. 不止一个做生意的朋友_____,现在的买卖太难做了。
4. 他_____秀明姑娘:"你这爱管闲事的脾气又来了!惹他们干什么?"
5. 书店的经理们经常_____国家给他们的投资太少、社会关注不够。

二、判断正误:

1. 今天走访的职工没一个抱怨政府,谈的都是对厂里的希望和具体的建议。( )
2. 他下班回家,不高兴地埋怨母亲,"谁叫你把我们公司的地址告诉小文的?" ( )
3. 她一边擦眼泪,一边抱怨爸爸:"我还以为你真会不理女儿了呢,两个月不给我来一封信。" ( )

4. 妻子不在家时,他感到孤独,埋怨又大又空的家简直比监狱还冷清。
   （　　）

5. 近一两年来,有许多读者来信向我抱怨有的书印刷太粗糙,而且有很多错别字。
   （　　）

说一说

一、朗读下列词组:

抱怨 ● ～天气、～别人、～老师、～速度太快了、～食堂的饭菜不好
　　 ● ～起来、～得/不着、～开了

埋怨 ● ～别人、～自己、～老师、～我们不支持他、～我不会说话
　　 ● ～起来、～得/不着、～开了

二、把下列词组扩展成句子:

1. 抱怨起来:＿＿＿＿＿＿＿＿＿＿＿＿＿＿＿＿＿＿＿＿＿＿＿＿＿＿。
2. 抱怨别人:＿＿＿＿＿＿＿＿＿＿＿＿＿＿＿＿＿＿＿＿＿＿＿＿＿＿。
3. 自己:＿＿＿＿＿＿＿＿＿＿＿＿＿＿＿＿＿＿＿＿＿＿＿＿＿＿＿＿。
4. 埋怨不着:＿＿＿＿＿＿＿＿＿＿＿＿＿＿＿＿＿＿＿＿＿＿＿＿＿＿。

三、选择"一"中的词组造句:

满意　　满足

填空：
1. 那是她一生中收到的最_____的生日礼物。
2. 小弟说："大哥，你能_____我的一个要求吗？"
3. 孩子们一个劲儿点头，看来他们对我的回答挺_____。
4. 我对生活的要求不高，有个真心爱我的男人，有个懂事的孩子，我已经_____。

例：

【满意】
1. 报告认为，大多数中国人对目前的生活是**满意**的。
2. "你坦白地说，你最不**满意**我的是什么？"
3. 老人坐在我们旁边，**满意**地看着我们把面吃完。
4. 这是我自己最**满意**的作品。

【满足】
5. 房子虽小，但我们很**满足**。
6. 我曾是一个骄傲而**满足**的母亲，不为别的，只因为自己是一位母亲。
7. 我们需要不断努力，千万不能**满足**于现状。
8. 你们的要求我们无法**满足**。

1. "满意""满足"是什么词?
2. "满意"的"意"和"满足"的"足"是什么意思?
3. "满足""满意"的语法功能?
4. 例8和例5中的"满足"意思是否一样?
5. "读一读"例句中的"满足""满意"能不能互换?

一、填空:
1. 中日关系发展到现在的水平,我们是_____的,我想我们双方都是_____的。
2. 这种笑容,只有内心非常平和、生活上容易_____的人才会有。
3. 时代在发展,历史在前进,旧建筑物已经不能_____现代人的需要。
4. 看得出来,他对自己的新形象十分_____,虽然那头发很像是假发。
5. 邓小平听到姚凤兰的回答,_____地说:"你们生活好,我就高兴。"
6. 他说:"我喜爱这里,这里的人也喜爱我,我很_____。"
7. 她想要我给她买一双袜子,可是就这么一个小小的要求,我也没能_____她。
8. 吸烟的人,当他们内心感到_____的时候,吸上一支烟是他们本能的反应。

二、判断正误:
1. 满意的笑容　　(　　)　　2. 不满足他的态度(　　)
3. 满足他们的条件(　　)　　4. 满足于现状　　(　　)
5. 满意一下　　　(　　)　　6. 满意地走了　　(　　)

一、朗读下列词语搭配：

满意 ● ～的工作、～的成绩、～的表现、～的结果、～的对象
　　● 不～、很～、十分～、特别～、最～
　　● 感到～、令人～、让……～
　　● ～得不得了
　　● ～地笑了、～地说、～地点点头

满足 ● 很～、十分～、不～
　　● ～要求、～需要、～条件、～愿望、～心愿
　　● ～不了、～得了、
　　● 无法～、一定～、必须～、尽快～、保证～
　　● ～于现状、～于已有的成绩

二、把下面的词组扩展成句子：

1. 满意的成绩：_____。
2. 不满意：_____。
3. 让……满意：_____。
4. 很满足：_____。
5. 无法满足：_____。

三、选择"一"中的词组造句：

面临　　面对

填空：

1. 当前,中国_____着许多新问题,影响了经济的发展。
2. 她离婚后,又_____着生活上的困扰。
3. 他转过身来_____着父亲。
4. _____她提出的问题,他没有马上回答,而是沉默了好几分钟。

例：

【面临】

1. 我国正**面临**着发展经济和改善环境的双重任务。
2. 我**面临**着选择,是继续留在中国,还是回国?
3. 企业目前**面临**的市场问题难以解决。

【面对】

4. 第一次上课,**面对**那么多学生,我觉得特别紧张。
5. 大夫说:"你到北京检查一下吧,无论出现什么情况,我们都要勇敢地**面对**,好吗?"
6. 我们**面对**的是一个正在经历着深刻变化的时代。

1. "面临""面对"是什么词？
2. 它们共同具有的含义是什么？
3. "面临"带的宾语有什么特点？"面对"呢？
4. 它们在句子中作谓语时一定要带宾语吗？
5. "读一读"例句中的"面临""面对"能不能互换？

一、填空：

1. 当我_____着热心的听众时，感觉非常激动。
2. 弟弟才念到三年级，就_____着失学，当父亲的实在是不忍心啊！
3. 青少年正处于人生的十字路口，他们_____着升学和就业的选择。
4. 我已经'下海'，不管未来怎么样，我都会勇敢地_____。
5. 农业发展_____许多困难和矛盾，同时也_____着难得的发展机遇。

二、判断正误：

1. 面对着这本书，我想起一位老人。　　　　　　　　　　　　（　　）
2. 在新的一年里，我们面对的任务是很重的，也会遇到许多问题和困难。
　　　　　　　　　　　　　　　　　　　　　　　　　　　　（　　）
3. 面对草原，回想八年来的经历和种种变化，他有很多感想。　（　　）
4. 家庭妇女只不过面对丈夫一个男人，"职业妇女"则要面对众多的男人，所以后者们就更要学得温顺一些。　　　　　　　　　　（　　）
5. 所有的"异族婚姻"都面临着一个共同的问题，那就是双方生活习惯的不同和文化观念的差异。　　　　　　　　　　　　　　（　　）

一、朗读下列词组：

面临 ● ～经济困难、～挑战、～失业、～这样一个困境、～死亡、～破产、～高考、～毕业、～考验、～从地球上消失的危险

● ～着选择、～着一场情感危机、～着这么一个压力、～着一个发展机会、～着竞争、～着资金不足

● ～的危机、～的重要任务、～的问题、～的形势、～的现实

面对 ● ～蓝天、～大海、～父母、～观众、～镜子；～镜头；～严酷的现实、～未来、～生活、～人生、～自己

● 难以～、不知如何～、无法～

二、把下列词组扩展成句子：

1. 面临……的问题：_____。
2. 面临着选择：_____。
3. 面对父母：_____。
4. 无法面对：_____。

三、选择"一"中的词组造句：

第三课

接近　　靠近

填空：

1. 目前,我国有些农产品的价格已经_____或超过了国际市场价格。
2. 日本参赛选手的水平已经跟中国优秀选手很_____。
3. 中国网球正一步步向国际化_____,中国选手的水平也正一步步提高。
4. 我这个位置很好,_____窗户,可以看风景。

例：

【接近】

1. 时间已经**接近**半夜了。
2. 我们再发展几十年就可以**接近**发达国家的水平。
3. 对于领导干部,老百姓喜欢你,拥护你,才会和你**接近**。
4. 中日两国历史传统和地理环境十分**接近**。

【靠近】

5. 风浪中,大船艰难地**靠近**小船。
6. 我们的技术水平要进一步向国际先进水平**靠近**。
7. 学校**靠近**湖边,饮用水一直是从湖里取的。
8. 我坐在**靠近**后门的位置,离老师的讲台远远的。

1. "接近""靠近"是什么词?
2. 它们共同具有的含义是什么?
3. 它们不同的含义是什么?
4. "读一读"例句中的"接近""靠近"能不能互换?

一、填空:

1. 两颗心在一天天地_____。
2. 他的年龄已经_____七十岁了。
3. 这是_____我国东部边境的一座小城。
4. 相比较而言,中国女子网球的水平比男选手更_____世界水平。
5. 这个岛周围海域情况复杂,常年风大浪高,普通渔船很难_____。
6. 我找一切机会____她,星期天约她一块去玩。
7. 我悄悄搬到_____他的一个小公寓里去住了。
8. 当今世界乒乓球男子强队之间实力太_____了。

二、判断正误:

1. 接近路边(　) 　2. 观点接近 (　) 　3. 很靠近窗户 (　)
4. 靠近城市(　) 　5. 接近十二点(　) 　6. 跟他接近的人(　)

一、朗读下列词组：
　　接近 ● ～目标、～中午、～傍晚、～终点、～年底、～世界先进水平
　　　　 ● ～那个姑娘、～群众
　　　　 ● 不敢～、难以～
　　　　 ● 实力～、成绩～、观点～、水平～、比分～
　　　　 ● 十分～、很～
　　靠近 ● ～河边、～街道、～窗口、～海边
　　　　 ● 向国际先进水平～、向世界一流水平～、向国际化～、向目标～、向理想～

二、把下列词组扩展成句子：
　　1. 接近世界先进水平：_____。
　　2. 很接近：_____。
　　3. 靠近河边：_____。
　　4. 向国际水平靠近：_____。

三、选择"一"中的词组造句

急忙 匆忙 连忙

填空:

1. 我见他呼吸困难,_____打电话呼救。
2. 客人一到,母亲_____给客人上茶。
3. 听到家里发了大水,我_____就往回跑。
4. 听到有人咚咚地敲门,我_____答应"来啦！来啦！"
5. 他_____地吃了一口饭就去学校了。

例:

【急忙】

1. 李师傅病情加重,家里人**急忙**把他送到医院。
2. 8点钟刚到,他**急急忙忙**地跑进了教室。
3. 在**急急忙忙**回学校的路上我正好遇到他。
4. 我觉得城里人走路都像在赶时间一样**急急忙忙**的。

【匆忙】

5. 他走得很**匆忙**,什么东西都没带。
6. 这次出差太**匆忙**了,也没给你带礼物。
7. 他听到一阵**匆忙**的脚步声,在他的门口突然停了下来。
8. 他知道我还没吃早饭,就开始**匆匆忙忙**地给我做饭。
9. 他走得**匆匆忙忙**的。

10. 他总是那么**匆匆忙忙**的样子。

【连忙】

11. 爸爸看到老师来了,**连忙**请老师坐。
12. 我们在远处发现了外婆,妈妈**连忙**跑上前去。
13. 他发觉自己说错了,于是**连忙**改口。

想一想

1. "急忙""匆忙""连忙"是什么词?
2. 它们的语义重点是什么?
3. 它们在句中的语法功能?
4. 它们能不能重叠?重叠以后的语法功能呢?
5. "读一读"例句中的"急忙""匆忙""连忙"能不能互换?

练一练

一、填空:

1. 论文写得太____了,很多话说得不准确。
2. 他看见小兰睡着了,就_____拿出一件衣服,披在小兰身上。
3. 这里人来人往,大家都_____的。
4. 眼看上学快迟到了,他_____往嘴里塞一口饭,边吃边往学校跑。
5. 看到这种情景,记者深受感动,_____录下了这动人的一幕。
6. 他听了吓得差点儿晕倒,爱人_____把他扶住。
7. 他每次来都是这么_____。

二、判断正误:

1. 前面走过来两个我们班的同学,我连忙从她身边躲开,假装和她不认识。　　　　　　　　　　　　　　　　　　　　　(　)
2. 她回到家里一看女儿烫成这个样子,急忙把孩子送往医院。　(　)

3. 你不必连忙答复，你再好好考虑考虑。　　　　　　　　（　　）

4. "我知道他不会游泳，所以我一冒出水面就急忙找他，怎么也看不见了！"　　　　　　　　　　　　　　　　　　　　　　　　　（　　）

5. 别人请他吸烟，他匆忙摆手："不会，我不会吸烟，吸了咳嗽……"
　　　　　　　　　　　　　　　　　　　　　　　　　（　　）

6. 去年的一个周末，她突然发病，老师们急忙把她送到附近的医院。
　　　　　　　　　　　　　　　　　　　　　　　　　（　　）

7. 我在学校经常见到张老师急忙的身影。　　　　　　　（　　）

说一说

一、朗读下列词组：

匆忙 ● 太～了、很～、有点儿～、
　　　● ～地走了、～起床、～穿好衣服、～出发、～告辞、～地赶路
　　　● ～的样子、～的身影、～的生活节奏、～的脚步、～的行动
　　　● 来得很～、走得很～
　　　● 匆匆忙忙地走了、匆匆忙忙地跑出来、匆匆忙忙地回答、匆匆忙忙地结婚
　　　● 匆匆忙忙的样子

急忙 ● ～赶回家、～把他送到医院、～打电话、～离开、～去学校、～回国
　　　● 急急忙忙地出门、急急忙忙地放下电话、急急忙忙地推门进来

连忙 ● ～站起来、～请他坐、～道歉、～摇头、～摆手、～解释、～安慰她

二、选择上面的词组造句：

左右　上下　前后

填空：

1. 儿童在1岁____，3岁_____，心理发展都有一个较大的变化。
2. 4个月_____的婴儿能认出母亲或照顾他的人的面孔。
3. 说实在的，我真看不出您有七十岁_____的年纪！
4. 去年大约是9月25日_____，我到了北京。
5. 前几年，北京的菜市场在春节_____有卖这种东西的。

例：

【左右】

1. 她一点也不像五十多岁的女性，比实际年龄要年轻十岁**左右**。
2. 我们在一起生活了两年**左右**，不能说没有一点感情。
3. 他身高大概1米75**左右**。
4. 人的正常体温是37℃**左右**，如果超过了37.5℃，就是发烧了。

【上下】

5. 李奇40岁**上下**，是中学历史教师。
6. 摊主50岁**上下**，一脸山里人的老实样儿。
7. 他的体重在200公斤**上下**。

【前后】

8. 结婚**前后**,由于工作关系,他们经常分别。

9. 这种花因为在端午节**前后**开,所以我们那儿叫端午花。

10. 1988年**前后**,他获得了全国冠军。

1. "左右""上下""前后"是什么词?
2. "读一读"例句中的"左右""上下""前后"哪些可以互换?哪些不能?

一、填空:

1. 他考虑了一分钟_____,然后回答说:"好吧!我愿意认识认识他。"
2. 他说冬天的生意不好做,每天也就卖百公斤_____。
3. 因为这种花晚饭_____开得最为热闹,所以又叫晚饭花。
4. 大约十五个月_____,儿童可以自由地独立行走了。
5. 他直到1969年,和洋子结婚_____,才重新拿起画笔。

二、判断正误:

1. 每半个月前后,他们就去梅园新村一次。 ( )
2. 8月份是一年中最好的季节,最高温度在10度上下。 ( )
3. 他们的登顶时间初步定在5月10日左右。 ( )
4. 偷窃最频繁是在凌晨三四点上下。 ( )
5. 一月底的一天上午,大约九点钟左右,我正在工作,听到了轻轻的敲门声。( )

一、朗读下面的词组：

左右 ● 一年～、三个月～、二十天～、一个星期～、半个小时～
　　　● 2009年～、12月20日～、一月～、一点半～
　　　● 二十次～、三万字～、两米五十～、8度～、60%～、40元～、15人～、1/4～、四十万人～、40岁～

上下 ● 五十岁～、五十里～、五百字～、五十公斤～

前后 ● 2009年～、12月20日～、一月～、一点半～
　　　● 春节～、中秋节～、元旦～、圣诞节～、晚饭～、中午～
　　　● 睡觉～、吃饭～、毕业～、结婚～、回国～

二、选择上面的词组造句：

先后　　前后

填空：

1. 他____在伦敦政治经济学院、剑桥大学学习。
2. 在昨天的大会上，王文、李阳、杨刚____上台发言。
3. 飞机到达以后，过海关、办手续____大约10分钟。
4. 他从生病到出院，____只有6天时间。

例：

【先后】

1. 他**先后**在香港、台湾念大学，以后又到巴黎留学。
2. 老何**先后**戒过两次烟。
3. 爸爸和妈妈**先后**给我发短信，告诉我这件事。

【前后】

4. 昨天一天，他**前后**给你打了八九次电话，都没找到你。
5. 手续办得非常顺利，**前后**一个星期，我就告别妈妈，乘飞机来北京了。
6. 手术从上午9时30分开始，到下午6时结束，**前后**进行了8个半小时，很顺利。
7. 当时，大家都很年轻，每天晚饭**前后**总喜欢搞点体育活动。
8. 这次参加训练，**前前后后**半个多月。
9. 我**前前后后**跑了十几家公司，都被拒绝了。

1. "先后""前后"是什么词？
2. 它们的语义有什么不同？
3. "读一读"例句中"先后""前后"能不能互换？

一、填空：

1. _____ 45天，他没有回过一次家。
2. 我们那些单身同伴们_____都结了婚。
3. 谈判_____进行了5个多月，谈谈停停，经历了很多波折。

4. 她身体不好，_____动过7次手术。
5. 中国、日本、韩国都_____派出青少年足球队在巴西训练。

二、判断正误：
1. 他患病期间，先后在三家医院住过。　　　　　　　　（　）
2. 先后用了一年的时间，才算把这项工作做完。　　　　（　）
3. 姐妹俩先后考上了大学，姐姐考入中国人民大学外语系，妹妹考取了北京大学。　　　　　　　　　　　　　　　　　（　）
4. 这部小说曾先后两次被改编成电影。　　　　　　　　（　）
5. 经过301医院、军事医学科学院、协和医院等许多大医院的前后会诊，专家们尚无良好的治疗方案。　　　　　　　　　（　）

一、朗读下列词组或句子：
前后 ● ～五六年时间、～仅10天、～约5次、～一共8年
　　　● ～只花了几分钟、～不到一年时间、～在中国学习了4年、～在医院里呆了7个月、～恋爱了8年
　　　● ～结过5次婚、～换了五次工作、～参加过不少比赛
先后 ～结过5次婚、～换了五次工作、～参加过不少比赛、～几次来到中国、～三次给我打电话、
　　　● ～去过上海、昆明、新疆；2008年、2010年中国～举办了奥运会、世博会；他～受到邓小平、江泽民、李鹏的亲切接见
　　　● 姐姐和我～来到中国、他的父母～去世了

二、选择以上词组或模仿句子造句：

第四课

暗暗 偷偷 悄悄

填空：

1. 那年他听说北京电影学院要招生，心里就_____下定决心，积极做着准备。
2. 这些歌当时都属于禁歌，因此他们只能_____地唱。
3. 我是背着家人_____出走的，现在无论如何不能见到他们。
4. 我心里_____发誓：一定要让母亲成为世界上最幸福的老人。
5. 电影已经开演了，我们在后排找了个座位_____坐下。
6. 听了他的话，我不由得_____佩服。

【暗暗】

1. 他当时表现出的冷静让我**暗暗**吃惊。
2. 没有计划地学习，效果不明显，我在心里**暗暗**地着急。
3. 我们都**暗暗**为父亲的健康担心。

【偷偷】

4. 他为了躲避警察，**偷偷**地从后门跑掉了。
5. 她独自一个人，在一天夜里，**偷偷**地离开了家，到天津站上了火车奔向沈阳。

【悄悄】

6. 病房的门被**悄悄**推开，来的人又**悄悄**关上门。
7. 在不知不觉中，时间**悄悄**而来，匆匆而去。
8. 有时候他们会说一句**悄悄**话，然后俩人就笑上半天。

1. "暗暗""悄悄""偷偷"是什么词？
2. 它们相同的语义是什么？语义重点有什么不同？
3. "读一读"例句中的"暗暗""悄悄""偷偷"能不能互换？

一、填空：

1. 背地里，她开始_____地吸食海洛因。
2. 她已经从内心_____喜欢上了这个小伙子。
3. 深夜11时，警察_____包围了李波的家。
4. 她在门外_____地看了一眼在房间里的父亲。
5. 当时他气得够呛，什么也没说出来，只是_____记在心里。
6. 双腿瘫痪后，我的脾气变得暴怒无常。我发火时，母亲就_____地躲出去，在我看不见的地方_____地听我的动静。当一切恢复沉寂，她又_____地进来，眼边红红的，看着我。

二、判断正误：

1. 他心里暗暗埋怨她，脸上却挂着笑容。　　　　　　　　（　　）

2. 松本先生来中国,基本上是静静而来,悄悄而去。　　　　（　　）

3. 儿子走时,不让他妈妈去车站送别,但妈妈还是悄悄地夹在人群中为儿子送行。　　　　（　　）

4. 我真想学一学老猫,临死之前,躲到一个角落里,一个人偷偷地离开人世。　　　　（　　）

5. 她知道他有心事,给他冲了一杯咖啡,放到桌边,就悄悄地退了出去。　　　　（　　）

说一说

一、朗读下列词组:

暗暗 ● ～吃惊、～高兴、～喜欢、～佩服、～后悔、～思念、～怀疑、～得意、～着急、～伤心、～发誓、～嫉妒、～羡慕、～埋怨

悄悄 ● ～地进来、～走了、～起床、～地离开、～地关上门
　　　● ～话

偷偷 ● ～地笑、～地哭、～地藏起来、～溜走了、

二、选择上面的词组造句:

通常　　平常

填空：

1. 我周末_____是看看朋友,或带孩子到公园散步。
2. 这个故事虽然很_____,但非常感人。
3. 李小龙用_____的速度轻轻地走着。
4. 中国人办酒席_____的规格是四六四,即四个冷菜,六个热菜,四个大菜。

例：

【通常】

1. 少年期和青年初期是指11、12岁到17、18岁的人,**通常**称为青少年。
2. 11月下旬的北京,天气**通常**已经很冷。
3. 握手时**通常**的情况是长辈先伸出手,晚辈才能握手。

【平常】

4. 他太不起眼了:个子不高,长相**平常**,衣着随便。
5. 他看上去是一个很**平常**的人,跟普通人没有什么不同。
6. 她打扮得**平平常常**。
7. 你觉得**平常**,我倒觉得很不一般。
8. 他走得很快,比**平常**要快得多。
9. 他性格内向,**平常**说话不多,但勤于思考。

1. "通常""平常"是什么词?
2. 它们的语义是什么?
3. 它们各有什么语法功能?
4. "读一读"例句中的"通常""平常"能不能互换?

一、填空:
1. 他们的早饭_____都是在12点钟才吃。
2. 他跟_____一样吃了晚饭,然后走到厨房去洗碗。
3. 按医生当时的说法,手术成功后_____最多只能维持10个月。
4. 我的身体比较弱,要是_____日子,这样的天气,不出门也往往感冒头痛。
5. _____一幅黑白画像要价十元,一个画家一天画下来的收入一两百元是很_____的事。

二、判断正误:
1. 按时下平常的理解,现代人意味着开明、新潮、高学历。　　　(　　)
2. 我还记得好多人提醒过他,不要这样,父亲通常的回答都是这句话:"我是工人,我怕啥?"　　　(　　)
3. 消费者购买价格较高的商品时,平常是先攒几年钱,或向亲朋好友借。　　　(　　)
4. 有新民谣说,一万二万贫困户,十万八万刚起步,三四十万平常户,百八十万才算富。　　　(　　)
5. 他那天离开家时,样子太平常了,可就这么平平常常走了,没有生离死别,但一去就算完了。　　　(　　)

一、朗读下列词组：

通常 ● 在～情况下、按照人们～的理解、～的做法、～的吃法、～的回答

● ～先敲门再进、～妈妈做饭、～穿着很朴素、～点头问好、～工作十几个小时

平常 ● 相貌～、长得很～、很不～、极其～

● ～事、～心、～的日子、～的衣着、一条很～的消息、不～的经历、～的小事

● ～有来往、～难得回家、～不爱说话

二、把下面的词组扩展成句子：

1. 在通常情况下：＿＿＿＿＿＿＿＿＿＿＿＿＿＿＿＿＿＿＿＿＿＿＿。
2. 通常的做法：＿＿＿＿＿＿＿＿＿＿＿＿＿＿＿＿＿＿＿＿＿＿＿＿。
3. 很平常：＿＿＿＿＿＿＿＿＿＿＿＿＿＿＿＿＿＿＿＿＿＿＿＿＿＿。
4. 不平常：＿＿＿＿＿＿＿＿＿＿＿＿＿＿＿＿＿＿＿＿＿＿＿＿＿＿。

三、选择"一"中的词组造句：

轻视　　忽视

填空：

1. 对孩子的教育不能_____劳动、_____传统。
2. 他对不少人_____健身,不珍惜健康的状况十分关注。
3. 你不能因为自己在大学里曾经成绩优秀而_____别人。
4. 有些家长_____了一个事实:在兴趣和能力上,儿童之间从小就存在着差异。

例：

【轻视】

1. 钱这东西,既要**轻视**它,但也不能没有它。
2. 对孩子的教育问题千万不可**轻视**。
3. 对犯错误的人,我们不应该歧视他,**轻视**他,而是要热情地帮助他。
4. 以男性为中心的传统道德,突出地表现在对女人的**轻视**上。

【忽视】

5. 中国人太看重生命的数量,**忽视**生命的质量。
6. 身体健康非常重要,千万不要**忽视**体育锻炼。
7. 有些人只追求物质生活,而**忽视**了精神生活。
8. 现在,一些地方在发展经济的同时,**忽视**了生态环境的保护。

想一想

1. "轻视""忽视"是什么词？
2. 它们相同的语义是什么？
3. 它们的语义重点是什么？
4. 它们的宾语一般是什么样的词？
5. "读一读"例句中的"忽视""轻视"能不能互换？

练一练

一、填空：
1. _____农民，就是_____农业，_____土地。
2. 任何人都不能_____比赛前这短短半年的训练时间。
3. 我们就是在最平常的事情上_____了。
4. 现在都什么时代了，还_____妇女？
5. 很多人都_____了，死其实是生活的一个重要内容；热爱生活的人最不怕死。

二、判断正误：
1. 许多学生家长对学校只看重学习成绩、忽视学生性格培养的教育方式提出批评。（　）
2. 在现实生活中还存在种种轻视、歧视甚至侵害妇女权益的现象。（　）
3. 他是中国的著名演员，他的一举一动都将对社会产生不容轻视的影响。（　）
4. 容易被人们忽视的"小钱"，节省和不节省也大不相同。（　）
5. 因为每天忙于工作，轻视了体育锻炼，所以病倒了。（　）

一、朗读下列词组：

轻视 ●～了对手、～传统、～农民、～劳动、～女人、～体育锻炼、～工人的权利
　　　● 遭到～、受到～、不准～
　　　● ～的目光、～的口气、～的态度
　　　● ～不得、～下去

忽视 ～安全、～质量、～个人利益、～环境污染问题、～环境保护、～服务态度、～质量、～锻炼
　　　● 不容～、被～

二、选择以上词组造句：

临时　暂时　一时

填空：
　　1. 我还有点儿别的事，_____没有太多的时间和你谈。
　　2. 他在一个大公司工作，是_____翻译。
　　3. 这本书我_____用不着，你拿去用吧。
　　4. 你这么忙！看来,跟你一起吃顿饭的想法_____是没法实现了。

5. 这雨说来就来,我们没有带着雨伞,只好_____买了两把。
6. 有时手术不能按时完成,女儿只好让幼儿园老师_____看管。

例:

【临时】

1. 饭店既是公共场所,又是旅客**临时**的"家"。
2. 原定在花园举行的婚礼因雨**临时**改在公共大厅内举行。
3. 她到香港以后,在那儿**临时**租了一套公寓。
4. 小张有事,你**临时**代替他一下吧。

【暂时】

5. 他鼓励职工树立信心,跟企业一起克服**暂时**的困难。
6. "我恳求你**暂时**不要公开我的病情。"
7. 尽管她说还没有决定,不过看起来,肯定是**暂时**不会回国了。
8. 你们**暂时**先不要走,等我回来再说。

【一时】

9. 我**一时**想不起他的名字了。
10. 他被她问住了,**一时**不知道怎么回答好。
11. 锻炼身体一定要坚持,不能**一时**冷**一时**热。
12. 无论做什么事,都不能只靠**一时**的热情。
13. 请大家不要**一时**冲动,要冷静一点。

想一想

1. "临时""暂时""一时"是什么词?
2. 体会一下它们在句子中的不同含义。

3. "读一读"例句中的"临时""暂时""一时"能不能互换?

一、填空:

1. 因为_____的变化,她不能按时回家。
2. 我把这东西_____放在办公室里,等一会儿再拿走。
3. 我_____背不出这首诗了。
4. 当他们离开北京时,坐的是_____租来的汽车。
5. 时间一长,小林就_____把这件事给忘记了。
6. 我_____没明白他的意思,没有说话。

二、判断正误:

1. 他一时冲动,说出了这样的话。　　　　　　　　　(　)
2. 地震一百天之后,已经有3万多间暂时建筑投入使用。(　)
3. 我们的老师因病住院,校领导就请王老师临时代课。　(　)
4. 这突然发生的事情,让他一时不知所措。　　　　　(　)
5. 那位日本少女不断问我问题,我成了她旅途中临时的辅导老师了。
　　　　　　　　　　　　　　　　　　　　　　　　(　)
6. 我们现在不少企业只顾临时的经济利益,缺乏长远的战略眼光。
　　　　　　　　　　　　　　　　　　　　　　　　(　)
7. 丈夫不同意她写作,她不愿跟先生发生冲突,也就一时放弃了这一理想。　　　　　　　　　　　　　　　　　　　　　　(　)
8. 本来,我并不是他的翻译,但由于他的翻译另有重要任务,临时把我叫去翻译。　　　　　　　　　　　　　　　　　　　(　)
9. 大院子里,一时十分安静,一时又爆发出愉快的笑声和热烈的掌声。
　　　　　　　　　　　　　　　　　　　　　　　　(　)

一、朗读下列词组：

临时 ● ～发现问题、～准备、～生病了、～有事、～改变主意、～决定、～取消、～采取措施

● ～列车、～建筑、～住所、～会议、～政府、～工作、～机构

● ～住几天、～凑合、～借用、～安排、～由我负责、～借住在这儿

暂时 ● ～的现象、～的困难、～的失败、～的办法、

● ～保密、～停工、～停止营业、～说到这里、～由他代管、～得到了满足、～不要让他知道、～休息一下、～做这个工作、疼痛～得到缓解

一时 ● ～的热情、～的冲动、～的误会、～的痛苦

● ～不能接受、～想不起来、～不知如何是好、～适应不了、～愣住了、～答不上来、～不能理解、～都没有说话

二、把下列词组扩展成句子：

1. 临时有事：＿＿＿＿＿＿＿＿＿＿＿＿＿＿＿＿＿＿＿＿＿＿＿＿＿。
2. 临时工作：＿＿＿＿＿＿＿＿＿＿＿＿＿＿＿＿＿＿＿＿＿＿＿＿＿。
3. 暂时休息一下：＿＿＿＿＿＿＿＿＿＿＿＿＿＿＿＿＿＿＿＿＿。
4. 暂时的现象：＿＿＿＿＿＿＿＿＿＿＿＿＿＿＿＿＿＿＿＿＿＿。
5. 一时的误会：＿＿＿＿＿＿＿＿＿＿＿＿＿＿＿＿＿＿＿＿＿＿。
6. 一时适应不了：＿＿＿＿＿＿＿＿＿＿＿＿＿＿＿＿＿＿＿＿＿。

三、选择"一"中的词组造句：

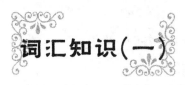

词

一、什么是词

词是最小的、能够独立运用的、有意义的语言单位。

词是"有意义"的,每个词都代表一定的意义。例如"山"的意义是"地面形成的高耸的部分","高大"的意义是"又高又大",这些意义比较实在,是实词。"的"和"虽然""但是"等词的意义比较抽象,它们在句中表示一定的语法意义,是虚词。

所谓"能够独立运用",是指能单说或者能单独进入句子。有许多实词在对话的时候可以单说。"山"和"高大"都是可以单说的(如"远处高高的东西是什么?""山。"),能单说的词可以看作在一定条件下单独成为句子。

虚词主要用来表达各种不同的语法意义。有的虚词表示词组成分或句子成分之间的关系,如"山和海"中的"和",表示"山""海"的并列关系有的虚词表示句子和句子之间的关系,例如"虽然困难大,但是他们还是按期完成了任务"这句话中,"虽然……但是……"表示句子间存在让步转折关系;有的虚词表示一种语气,例如"我们爬山吧!"中的"吧",表示一种祈求的语气。

词是能够独立运用的、有意义的语言单位,要加上"最小的"这一限制。因为词组也可以独立运用,也是有意义的语言单位。如"山和海"是个词组,可以用它组成更大的词组"山和海的历史",甚至可以组成句子"我们喜爱山和海"。把词组或句子加以分割,得到最小的、能够独立运用的有意义的语言单位,才是词。把上面的词组、句子分割成"山/和/海的/历史""我们/喜爱/山/和/海"割开的单位才是词。

比如"农民"是词,因为第一,它有意义,第二可以单说,如"你是干什么的?""农民。"第三,它是最小的能独立运用的语言单位。因为如果进一步分割成"农"和"民",意思就完全变了,而且当"农"作名词用时,一般也不能单说。

再比如虚词"的"也是最小的有意义的语言单位,只是它表达的意思是比较虚的语法意义;它虽然不能单独充当句子成分,但它可以单独进入句子,如"我的家在北京。"

二、语素和词

"工人""高大""历史""喜欢"这些词,还可以再分割成"工""人""高""大""历""史""喜""欢"等单位。这些单位也有意义。例如"工"的意义在这里是"工作、生产劳动","人"在这里的意思是"某种人","高"在这里的意义就是"从下向上的距离大","大"的意义是"在某些方面超过一般的或所比较的对象"。它们是语言中有意义的最小的音义结合体,叫语素。语素有单音节的,如"工""人""高""大"等,有多音节的,如"徘徊""葡萄""尼古丁"等。多音节语素里的每一个音节并没有意义,它们结合起来才表示一个意义。语素是构词的单位。

语素和词的关系可以从以下两个角度来考察。

从语素本身的性质来看,有两种语素。一种是不成词语素,如"民""历""史"等,它们只能和别的语素结合成词,而它们本身不是词。另一种是成词语素,语素本身能成为一个词。如"立"可以说"你立起来","险"可以说"山路很险"等。同时它也能和别的语素结合成别的词,如"立"可以和别的语素组成"站立""立场""立刻""孤立"等词,"险"可以和别的语素组成"危险""风险""保险"等词。

从词由语素构成的角度看,可以分为两种情况。一种情况是一个词由一个语素构成,如"人""树""山""好""咖啡"等;另一种情况是一个词由两个以上的语素构成,如"危险""照相机""经济基础"等。

在由两个语素组成的语言单位中,不成词语素加不成词语素组成的是词,如"特殊""介绍"等;不成词语素加成词语素组成的也是词,如"习惯""考虑""阅读"等;成词语素加成词语素,有的组成词,如"钢笔""火车""小米""马路",像这样其意义不是两个语素简单的相加,又不能拆开的,就是词;有的组成词组,如"大楼""小树""红笔"等。

三、字和词

汉字和词的关系比较复杂。

有一个汉字就表示一个词的,如"高""大""山""水",这样的字,同时也代表一个语素。

有两个或者两个以上的字组成一个词的,如"人民""工人""照相机""经济基础"等,这些词里的字,每一个都有意义,也各代表一个语素。但是也有一些词,如"葡萄""玻璃""巧克力",也是由两个或者两个以上的字组成的词,但是这些词里的每个字没有意义,只表示一个音节,每个字也不代表一个语素,合起来才表示一个语素。

有的一个字表示不同的词,就是说一个汉字与几个语素对应,在不同的词里表示不同的意思,而且这些字所表示的不同的词既同形又同音。如"生"——"生长""一生""生火""生病""生瓜""生活""生人""生孩子""学生"等等。

还有同一个字表示不同的词,但形同音不同。如"还"①(hái),仍旧的意思,②(huán)意思是归还。这种字不同的读法表示不同的语素。

四、词的分类

根据语法功能,一般把词分为实词和虚词两大类。

实词能充当句子成分,一般具有实在的词汇意义。实词又可以分为名词(包括时间词和处所词、方位词)、动词、形容词、数词、量词、代词。

虚词分为副词、介词、连词、助词,另外还有象声词和感叹词。

- 实词
  - 1. 名词：桌子、国家、科学、明天、附近、里边
  - 2. 动词：来、去、走、吃、理解、喜欢、能、应该
  - 3. 形容词：高兴、红、对、高大、自由、激烈
  - 4. 数词：一、二、十、百、千、亿、
  - 5. 量词：个、件、斤、双、副、套、次、遍
  - 6. 代词：我、你、他、我们、这、那、怎么样
- 虚词
  - 7. 副词：很、也、都、永远、渐渐、亲自
  - 8. 介词：在、从、朝、向、往、为、给
  - 9. 连词：和、跟、与、因为、虽然、因此、即使
  - 10. 助词：
    - 结构助词：的、地、得、
    - 动态助词：了、着、过、
    - 语气助词：呢、吗、啊、呀、啦、哇
  - 11. 象声词：叮咚、砰、轰、噼里啪啦、滴答
  - 12. 感叹词：唉、哼

名词、代词、数量词是"体词"，动词、形容词是"谓词"。

在汉语中，词的兼类现象比较多，这是汉语语法的特点之一。比如，"高兴"既具有名词的语法功能，又具有动词的语法功能。在"他今天很高兴"中"高兴"是形容词，而"咱们让他高兴高兴"中"高兴"是动词。所以"高兴"兼属动词和形容词两类。

根据《现代汉语》（北京大学中文系现代汉语教研室编）、《实用现代汉语语法》（刘月华等著）、《语法讲义》（朱德熙著）改写。

第五课

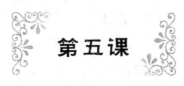

一旦　　万一

一、填空：

1. 孩子_____养成了坏的习惯,就很难改正。
2. 每天为了孩子忙碌,也没觉得有什么,_____孩子离开了家,心里竟这么空落落的。
3. 今年高考,我_____考不上,就只有出去打工了。
4. 出去旅行,还是多带一点钱吧,_____不够呢!

例:

【一旦】

1. 他<u>一旦</u>做出了决定,就再也不会改变。
2. 这事<u>一旦</u>被他知道了,你怎么办?
3. <u>一旦</u>有什么变化,我会立刻通知你。
4. 虽然这一切都在他的意料之中,可<u>一旦</u>出现,他还是觉得不能忍受。

5. 那种紧张的生活**一旦**结束,我现在却不知道每天该做什么了。
6. 地震把几十年积累的家业毁于**一旦**。

【万一】

7. 你别喝酒,**万一**夜里有急事儿,你怎么开车呀?
8. 我明天不在家,**万一**有人打电话找我,你把他的姓名记下来。
9. 你不要说得那么肯定,**万一**他不来呢?
10. **万一**发生意外,你也不要手忙脚乱。
11. 做事要考虑周全,以防**万一**。

想一想

1. "万一""一旦"是什么词?
2. 它们共同具有的语义是什么?有什么不同?
3. "读一读"中的例句能不能互换?

练一练

一、填空:

1. 学生的积极性_____被调动起来,学习成绩就会大幅度地提高。
2. 朋友们担心,_____领养的孩子先天不健康,会带来无穷无尽的麻烦。
3. 旅行的时候,最好带上药,_____生病可以及时吃。
4. 父亲咳嗽的声音很大,可是_____说话时,声音又低得听不见。
5. 我心里还有一丝侥幸,_____他不是癌症呢?_____是虚惊一场呢!

二、判断正误:

1. 一旦学生对某一门课程失去了兴趣,就不会有好的学习效果。(   )
2. 万一我发生了不幸,千万不能让我妈知道。(   )
3. 万一把护照弄丢了,可就麻烦了!(   )
4. 世世代代靠双手种田的农民,今天一旦用上了机器,真是一个翻天覆

地的变化。　　　　　　　　　　　　　　　　　　　　（　）
5. 他想：离散多年的姐姐万一找到，那该是多么幸福的事啊！（　）
6. 这项技术万一应用于生产，就能获得很好的经济效益。　（　）
7. 你万一有个三长两短，孩子怎么办？　　　　　　　　　（　）

一、朗读下列词组：

一旦●～有了机会、～有了结果、～结了婚、～实现、～明白过来、～认识到错误

～被人发现、～出现问题、～发生火灾、～失业、～失败、～处理不好

万一●～惹出麻烦、～发生不测、～让他知道、～没考上、～发生事故、～出了差错、～完不成任务、～错过了机会、～飞机失事、～迷了路、～出事

二、选择上面的词组造句：

即使　尽管　虽然

填空：（用"即使……也……"、"尽管……却……"、"虽然……但是/却……"）

1. 今后_____出现问题，改革_____必须坚持下去。

2. _____他们都是大学生了，我____觉得他们还是孩子。
3. 她皮肤_____微黑，____显出山村少女的健美。

例：

【即使】
1. 我的工作没有假期，**即使**星期天也常常是忙碌的。
2. 任何一个人都应该认真地生活，**即使**到了老年。

【尽管】
3. **尽管**已经是秋天了，但房间里好像越来越热。
4. 这是一件很重要的必须做的事，**尽管**有风险。
5. "要是您有什么需要，**尽管**提出来，不必客气。"

【虽然】
6. 你**虽然**和爱人结婚很久了，但你并没认识到她的真正可爱之处。
7. 他很喜欢写作，**虽然**他已经当了医生。

1. "即使""虽然""尽管"是什么词？
2. 当它们用在前面一个分句时，后面一个分句中常常有什么词与它们搭配？
3. "读一读"例句中的"即使""虽然""尽管"能不能互换？

一、用"即使……也""虽然/尽管……但是"、"尽管"填空：
1. 如果睡得不深，不时惊醒，_____睡眠时间再长，_____不能保证休息好。
2. 她说:"你有什么意见,_____提吧。"
3. 他们对姐姐非常尊重,_____是件小事,____要跟姐姐商量。
4. _____人和动物都有情绪,_____人的情绪在本质上与动物的情绪是不同的。
5. 他_____说谎,_____说得那么天真,真诚,自然,能给生活增添一些喜剧色彩。

二、判断正误:
1. 我们毕竟有了个小家庭,即使房间很小,生活也很艰辛。（　　）
2. 虽然遇到天大的困难,我们也要克服! （　　）
3. 尽管我不喜欢他,但我还得承认:他是一条好汉。 （　　）
4. 为什么父子间的冲突,即使在最亲和的家庭中,也往往不能避免?
（　　）
5. 虽然大家都有自己的工作,互相接触得不多,但相互之间都很和善,都很帮忙。 （　　）

说一说

完成下列句子:
1. 服务员要注意微笑服务,_____,也能在脸上露出笑容。
2. _____,但是他一直不闲着。
3. 上课的时候要大胆发言,不要怕说错了。_____也没关系。
4. 孩子特别需要大人的鼓励,比如孩子画画儿的时候,_____,如果大人也能够认真地称赞几句,孩子会感到非常高兴,画得更来劲。
5. _____,但是去年他们的销售额却高达1亿元,产品远销世界70多个国家。

<h1 style="text-align:center">以至　　甚至</h1>

填空:

1. 为了充分利用土地,公共住宅一般都建成多层_____一二十层的高楼。
2. 他不但不知道怎么说话,怎么待人,_____也不知道怎么思想。
3. 为找那张照片我把屋子弄得乱七八糟,_____爱人下班回来以后大吃一惊。
4. 她好几天没出院门,_____连她那个屋都很少出来。
5. 他有时两三天_____四五天不睡觉,接连地工作着。
6. 他高兴,同其他人一样高兴,_____比其他人更高兴。

填空:

【以至】

1. 新疆水果有几十种**以至**上百种,有些水果的名字我们连听都没听说过。
2. 整个夏天,**以至**一年四季,这个店都生意兴隆(xīnglóng brisk)。
3. 卢小波太平淡了,**以至于**没一个女孩子对他感兴趣。

【甚至】

4. 这时,他**甚至**连自己的母亲也有些讨厌起来。
5. 不重视吃早餐,会造成营养不良**甚至**贫血(pínxuè anaemia)。

6. 对于他的外号，不仅老同事，**甚至**没见过他的人也听说过。

想一想

1. "以至""甚至"是什么词？
2. "读一读"例1、2、3中的"以至"意思是不是一样？
3. "甚至"和"以至"在语义上有什么不同？
4. "读一读"例句中"以至""甚至"能不能互换？

练一练

一、填空：

1. 每一个作家，_____最大的作家，都有他们的限制。
2. 他每个月的花费是很大的，_____引起了父亲的抱怨。
3. 我跟他一天说不上几句话，有时，_____一两天都见不上面。
4. 从小学到中学，_____大学，或同班，或同校，他们始终没有分开过。
5. 所有的商品，他都觉得不贵，_____是太便宜了。

二、判断正误：

1. 各省、市、自治区，以至地、县都召开了类似的会议。　　　（　　）
2. 他所谓的"早晨"大多是近中午时刻，甚至到下午一两点钟。（　　）
3. 这个活动先从北京开始，然后上海、天津，甚至其他城市。（　　）
4. 他很健忘，有时会突然想不起朋友的名字，以至连妻子的名字也记不得了。　　　　　　　　　　　　　　　　　　　　　　　　　　（　　）
5. 他不仅没写过一封信，连电话都没有给家里打过，以至他现在到底在哪里，在干什么，他的妻子都一无所知。　　　　　　　　　　　（　　）

用"以至"或者"甚至"完成句子：

1. 这几年北京的变化太大了，_____。
2. 我们做事不仅要考虑今年的情况，_____。
3. 如果这个课文看一遍不懂，_____。
4. 他的病越来越严重，_____。
5. 这首歌不但年轻人会唱，_____。

除非　　只有

填空：

1. _____照顾好自己，才能少给妈妈添麻烦。
2. "_____你是在教堂结婚，否则就不能算是真正的婚姻。"
3. 没有人能找到他，_____他自己有了给人打个电话的欲望。
4. _____工作，才能让我忘掉烦恼。

例：

【只有】

1. 世界上**只有**亲生的妈妈，才会觉得自家的孩子最出色。
2. **只有**在这种情况下，才能写出好诗。
3. 我们**只有**到周末，才能回家。
4. "**只有**你不尊重自己，别人才会不尊重你！"

【除非】

5. 他讲课时，**除非**要在黑板上写字才会站到讲台上，要不他就站在我的面前。
6. 我**除非**有工作上的需要，平时不会上舞厅去玩的。
7. 主席在穿着上也很不讲究，**除非**见外宾换上皮鞋，一般穿布鞋旧衣。
8. 他一般不喜欢跟人来往，**除非**是他尊敬的人。
9. 父亲即使高兴也不会主动讲什么，**除非**问他。

1. "除非""只有"是什么词？
2. 它们具有的共同的含义是什么？有什么不同？
3. 它们出现在前一个分句时，后面的分句中常有什么词跟它搭配？
4. 它们只能出现在第一个分句吗？
5. "读一读"例句中的"除非""只有"，哪些可以互换？哪些不能？

一、填空：

1. 她觉得_____好好念书，才对得起姐姐。
2. _____你给她，她从不伸手要东西。
3. 我无法逃避考试的问题，_____我不想上学了。
4. _____下三天大雪，大家都出不了门，否则他们总还会上市卖菜的。
5. _____深刻了解昨天，才能懂得今天，把握明天。
6. 他天天光着一双大脚，_____星期天才穿鞋。

二、判断正误：

1. 天桥戏院只要有演出，他除非有特别的事，肯定是场场必到的。

（　　）

2. 现在,只有朋友们介绍,我几乎不看西方小说。　　　　(　)
3. 我从不敢想像自己当了演员,走上舞台,只有在做噩梦时。(　)
4. 从西安到福州,火车要坐三天,除非坐飞机,时间是赶不上了。(　)
5. 她白天忙工作,晚上忙家务,只有在孩子们入睡后,才有属于他俩"谈情说爱"的空间。　　　　　　　　　　　　(　)

分别用"除非"和"只有"跟下面的短语造句:

～特别重要的问题、～让我亲眼看见、～你当了校长、～特殊需要、～太阳从西边出来、～我死了、～饿极了、～找到证人

第六课

从　自　自从

填空：

1. 这篇课文，我能____头到尾背下来。
2. 这部电影改编____同名小说。
3. 他每天去学校都要____这儿经过。
4. ____这句话来看，他的头脑很清楚。
5. ____有了孩子，他觉得每天都很充实。

例：

【从】

1. 每次父亲见到我，都很兴奋，常常和我**从**早上谈到晚上。
2. 在这里，无论**从**东到西，还是**从**南到北，很难确切区分哪里是农村，哪里是城市。
3. 对这些孩子要**从**生活上多照顾他们，关心他们。

4. 农村的学前教育**从**无到有,越办越好。
5. 我上班每天**从**这里过,下班也要经过。
6. **从**实际情况看,我国大多数城市失业问题还比较严重。

【自】

7. 他**自**幼失去父母,跟着爷爷奶奶长大。
8. 对于改革,他的主张是**自**下而上而不是**自**上而下。
9. 这次比赛,他**自**原来的第十名上升到第二名。
10. 成名以后,他收到了来**自**全国各地的影迷给他的信件。

【自从】

11. **自从**他来到中国以后,认识了很多中国朋友。
12. **自从**大学毕业之后,我就再也没回过学校。
13. 两国**自从**建交以来关系发展顺利。
14. **自从**他进了那家合资公司,言谈举止有了很大的变化。

1. "从""自""自从"是什么词?
2. 它们共同具有的语义是什么?有什么不同?
3. 它们有没有语体的区别?
4. "读一读"例句中的"从""自""自从"能不能互换?

一、填空:

1. 这些话都是他发____内心的。
2. 妈妈拿起书,____头到尾给孩子讲了起来。
3. ____嫁给他以后,我就没过上一天好日子。
4. 车队已经浩浩荡荡地_____农村开进城市了。

5. ＿＿＿目前情况分析,我国旅游业的发展前景是乐观的。
6. 这本画册中的作品均选＿＿＿全国几大博物馆。
7. 只有＿＿＿实际情况出发来进行,才能达到目标与效果的统一。

二、判断正误:

1. 他的话是出自真心,发自真情。　　　　　　　　　　（　）
2. 自从实行新的考勤制度,迟到的人少了。　　　　　　（　）
3. 在80年代末出版的地图上,只有一条铁路自从这里穿过。（　）
4. 从这一天起,他上了病床,再也没有下过床。　　　　（　）
5. 他回想着自从认识那姑娘以来的一件件往事,……　　（　）
6. 从这以后,我天天在江边等他回来,自从日出到日落。（　）
7. 这场音乐会的作品全部选自中国传统的经典曲目。　　（　）
8. 自工作上说,政府和社会各界人士为此付出了艰辛的努力。（　）

说一说

一、朗读下列词组:

从
- ～2000年、～上个月、～去年7月、～小、～大学毕业、～开始工作、～来到中国
- ～这儿、～前边儿、～中间、～里面、～北京、～农村、～城市
- ～桥上过、～门前过、～这家饭店过
- ～实际出发、～愿望出发、～个人利益出发、～现在的情况分析、～结果来看、～节约来考虑、～质量来说
- ～头到尾、～上到下、～里到外、～早到晚、～古到今、～无到有、～小到大、～易到难

自
- ～古、～幼
- ～古至今、～始至终
- ～上而下、～下而上
- 来～美国、选～《人民日报》、出～他的手、发～内心、源～真情

自从 ● ～改革开放以来、～学习汉语以来、～认识他以后、～学了这门课之后

二、把下列词组扩展成句子：
1. 从小：_____。
2. 从来到中国：_____。
3. 从北京：_____。
4. 从结果来看：_____。
5. 自始至终：_____。
6. 自从学习汉语以来：_____。

三、选择"一"中的词组造句：

朝　向　往

填空：
1. 他轻快地____前走着，心里特别高兴。
2. 我们想借这个机会，____大家做一下儿解释。
3. 她想了一下，然后转身____门口走去。
4. 男人的目光从女人脸上转____窗外。
5. 城市真好，怪不得人们都争着____城市跑。

6. 我们乘船从天津去____青岛。

读一读

例：

【朝】

1. 他把儿子举在脖子上骑着,在人群中**朝**前挤。
2. 我迈着沉重的步子**朝**宾馆的方向走。
3. 我站住**朝**他笑,他也露出笑容。

【向】

4. 她没有讲话,走到窗前,**向**外眺望(tiàowàng look into the distance from a high place)。
5. 这件事儿我们可以**向**领导说清楚。
6. 他们像老朋友那样一边聊着,一边走**向**教学楼。
7. 今天是他走**向**新生活的第一天。

【往】

8. 他觉得身上的汗像小虫一样从上**往**下爬。
9. 在通**往**北京的公路上,一辆汽车飞速行驶。
10. 他把她的茶杯稍稍**往**她面前移了移。

想一想

1. "朝""向""往"是什么词?
2. 它们共同具有的语义是什么?不同是什么?
3. 它们构成的介宾词组在动词前边还是在动词后边?是什么意思?
4. "读一读"例句中的"朝""向""往"能不能互换?
5. 它们有没有语体的区别?

一、填空：

1. 小王，快____你爱人道歉！
2. 母亲走到儿子卧室的门口，____他看了一眼。
3. 火车要把去____各地的旅客安全送达。
4. 这时那人回头____他一笑，这一笑让他大吃一惊。
5. 我们是专门儿____您请教来的。
6. 孩子点着头，很兴奋地____他走了过去。
7. 雪仍无声地____下飘着，公园里寂静得不见一个人影。
8. 我觉得咱们应该____前辈学习。

二、判断正误：

1. 开往机场的客车上，小芳显得心神不宁。（   ）
2. 她听我这么说生气了，朝我嚷：你不想在这儿干，就滚出去。（   ）
3. 小余呀，你朝别人提什么要求了没有？（   ）
4. 我抬眼看着他，他有一张挺顺眼的长方脸，正朝我微笑着。（   ）
5. 我们俩来这儿的目的就是代表编辑部向您道歉。（   ）
6. 作为领导，应尽全力帮助他们脱贫致富，快点奔往小康。（   ）
7. 那位女士往我们走了过来，笑着对我说："你就是才从北京来的邓大哥吧？"（   ）
8. 他来到窗口，朝外望去，见到一幢幢新盖的楼房。（   ）
9. 您朝他一张嘴，不用说哪个牙疼、哪个牙酸、哪个牙活动，他往里瞅一眼全知道。（   ）
10. 我朝他点了点头，意思是说，这笔钱我会还他的。（   ）

三、连线：

朝　　　　　　汽车～南开
　　　　　　　大门～南开
　　　　　　　～我看
　　　　　　　～我这儿看
　　　　　　　飞～北京
向　　　　　　～北京飞
　　　　　　　开～机场
　　　　　　　～前走
　　　　　　　～他点头
往　　　　　　～领导报告

一、朗读下列词组：

朝　● ～东走、～前看、～后退、～北京开、～学校跑去
　　● ～他笑、～孩子喊、～观众挥手、～我点了点头

向　● ～东走、～前看、～后退、～北京开、～学校跑去
　　● ～他笑、～孩子喊、～观众挥手、～我点了点头
　　● ～他道歉、～大家解释清楚、～您请教、～别人学习、～他请求
　　● 奔～大海、飞～东南、通～后院、目光转～大家、走～社会、奔～小康、走～胜利

往　● ～东走、～前看、～后退、～北京开、～学校跑去
　　● ～我这儿看、～妈妈这儿来、～张三那儿跑
　　● 开～北京、送～市场、发～全国各地、飞～美国

二、选择上面的词组造句：

替　为　给

填空：

1. 我想____她擦掉那些泪，可是我没敢。
2. 我____孩子上学的事去了一趟北京。
3. 没关系，不用____我道歉，这点儿小事儿算什么！
4. 如果妈妈知道了这事儿，一定会____我难过。
5. 你累了，休息一会儿吧，我____你干。
6. 我真不知道该怎么办了，你____想想办法吧。
7. 他现在热心地____老百姓工作。

例：

【替】

1. 他的父亲是一位民间中医，长年**替**穷人治病。
2. "我**替**你保密，谁也不会知道。"
3. 他经常早晨到市场买最新鲜、最便宜的菜，**替**家里节省了不少钱。
4. 小明得了全校数学比赛冠军，同学们都**替**他高兴。
5. "这些钱你拿着，**替**我给孩子买点他想吃的东西吧。"

【为】

6. 他做生意赚了钱以后,很想**为**家乡做点事。
7. 老师**为**他去北京大学进修写了一封推荐信。
8. **为**这事儿我昨天晚上一宿没睡。
9. **为**给父亲治病,母亲卖掉了房子。

【给】

10. 我**给**他买了一件生日礼物。
11. 昨天我**给**老师打电话问考试成绩了。
12. 按照传统,春节的时候,晚辈要**给**长辈磕头(kētóu kowtow)。
13. 这次地震,**给**国家造成很大的经济损失。
14. 这些词上课的时候老师都**给**讲清楚了。
15. 这事儿不能**给**他知道!
16. 请大家把作业交**给**我。
17. 你**给**我滚!

想一想

1. "替""为""给"是什么词?
2. 它们共同具有的语义是什么?不同是什么?
3. "读一读"中,哪个句子中的"给""替""为"可以互换?哪个不能?

练一练

一、填空:

1. 你怎么不把他介绍____我?
2. 她同情挨打的人,又____打人的人感到羞耻。
3. 对不起,____你们添麻烦了。
4. 那时台湾经济、文化还都处在困难时期,____找一条生路,他六十年代初来到了法国。

5. 他误会你了，你____解释一下不就完了吗？
6. 这人太不像话了，咱们____他点儿颜色看看。
7. 他____人民，____事业的这种热情我是永远崇敬的。
8. 家里的电器都____他拿去卖了。
9. 你自己去国外旅游，没人____你当翻译，怎么办？
10. 吃饭的时候，他____在座的每个人都敬了酒。
11. 老板看了我一眼，那眼神好像在说："小子！你____我老实点儿！"
12. 她现在只懂法语，____家里写信也是先写法文，我再____她译成中文才能寄回去。

二、判断正误：

1. 那一节课，为我留下了深刻的印象。　　　　　　　　　　（　）
2. 你叫她在家为我们准备晚饭吧。　　　　　　　　　　　　（　）
3. 咱们有话好好说啊，你可别为我出难题。　　　　　　　　（　）
4. 他说马上回巴黎为她办理有关手续，办好后接她到法国结婚。（　）
5. 没想到他的一句话，为我们带来了一个小小的麻烦。　　　（　）
6. 妈妈给他使了一个眼色，他赶快出去了。　　　　　　　　（　）
7. 讨论会上，大家给我们的设计方案提了很多好的建议。　　（　）
8. 自己是长子，再也不忍心让母亲受累了，我要替母亲做所有的家务。
　　　　　　　　　　　　　　　　　　　　　　　　　　　（　）
9. 愿文化界的朋友，为保持北京独有面貌多做点宣传工作。　（　）
10. 我先想一想，等我想好了再讲给你听。　　　　　　　　（　）
11. 明星一亮相，就给大家团团围住，不停地请他签名、合影。（　）

说一说

一、朗读下列词组：

替 ● ～他们想想办法、～客人沏茶、～老板工作、～老百姓做好事、～他出主意

	● ～别人考虑、～他担心、～他高兴、～别人着急、～他难过、～他们想想、～别人操心
	● ～我回答、～他解释、～他工作
为	● ～他工作、～他们做点好事、～妈妈准备的礼物
	● ～他高兴、～他担心、～别人着急、～他难过
	● ～报答父母、～这事生气了、～儿子的婚事担心、～一家人的生活操心
给	● ～他们想想办法、～客人沏茶、～老板工作、～老百姓做好事、～他出主意
	● ～他当老师、～家里写信、～他打电话、～他买礼物
	● ～大家添麻烦、～他出难题、～他点儿颜色、～他点儿教训
	● 寄～朋友、交～老师、送～妈妈、递～我、扔～他

二、选择上面的词组造句：

对　对于　关于

填空：

1. _____她的死，大家并没有感到悲痛。
2. 我们一起工作了二十多年，我____这个人很了解。
3. "我常常想念你的母亲，一直想问问你_____她的情况。"
4. 只要是好的作品，就一定会_____人们的心灵产生影响。
5. _____自己的终身大事，她相信的是缘分。
6. _____家庭婚姻问题啊，我最有发言权，我是搞过妇女工作的。

例：

【对】

1. 我要**对**您说——您是我在北京最尊敬的人。
2. 我把自己的心里话都**对**父亲讲了。
3. 他**对**学生要求非常严格。

4. 我**对**中国文化特别有兴趣。

【对于】

5. "**对于**过去帮助过我们的老朋友,千万不要忘记他们。"
6. **对于**生老病死,父亲总是抱着乐观、自然的态度。
7. 我**对于**北京有着特殊的感受。
8. 他**对于**大自然的情感,真正像对待母亲一样。
9. 实行商品经济以来,人们**对于**钱的观念是大大改变了。

【关于】

10. **关于**她,您能不能告诉我一些什么呢?
11. **关于**这一点,能不能请您谈谈你的看法?
12. 他还想多知道一些**关于**母亲的情况。

1. "对""对于""关于"是什么词?
2. 它们共同具有的语义是什么?有什么不同?
3. 它们组成的介词结构在句子中的位置?语法功能?
4. "读一读"例句中的"对""对于""关于"能不能互换?

练一练

一、填空:

1. 他日前正在写一篇_____知识分子的长篇小说。
2. _____绘画艺术,我是外行,更缺少必要的理论素养。
3. 我真没料到他会_____我说出那样的话。
4. 他_____生活失去了信心,不相信这世界上还有好人了。
5. 这部电影_____我们全家产生了巨大的心理影响。
6. 那首歌的名字叫坦吉林,是_____一个阿根廷女人的。

7. _____未来的终身大事,她自有她的理想和标准。

二、判断正误:

1. 对于张中行其人,他的经历很简单。　　　　　　　　　(　　)
2. 我对这个国家的希望就是:这里永远是太平年月。　　　(　　)
3. 1991年的一个下午,我们谈了很久,话题很集中,主要是关于周扬。
　　　　　　　　　　　　　　　　　　　　　　　　　　(　　)
4. 关于自己的这个重大发现,他非常惊喜。　　　　　　　(　　)
5. 春夏秋冬,一年四季对我都是节日。　　　　　　　　　(　　)
6. 我问她有什么事不顺心,她沉默不语,在我反复追问好几次之后,她才吐出了几个字:"对于爱情。"　　　　　　　　　　　　(　　)

一、朗读下列词组:

对　● ～我笑了笑、～我们说、～学生们讲、～他大声喊
　　● ～我们负责、～孩子有多大影响、～他有点儿意见、～小王很信任、～学生要求很严
　　● ～身体可能不好、会～我们不利、应该～他提点要求
　　● ～汉语特别感兴趣、～人很热情、～别人不礼貌

对于● ～帮助过我们的人、～生了我们、养了我们的父母、～自私的人
　　● ～任何问题、～这个词的用法、～这个问题的建议、～这件事的看法

关于● ～这个问题、～这个人、～目前形势、～两国关系、～学校的新闻

二、选择上面的词组造句:

按照　　根据

填空：

1. 这样说有什么科学_____？
2. 他_____约定的日期回来了。
3. _____统计,今年农民平均收入比去年增加了6%。
4. _____原来的计划进行。
5. 这部电影是_____一本小说改编的。
6. 你就_____我说的写,一个字也不能错!

例：

【按照】

1. 这件衣服是**按照**我的尺寸量身定做的。
2. 孩子**按照**父亲的吩咐去洗脸、刷牙、吃饭,然后背着书包去上学。
3. 他们**按照**中国的传统,举行了中式的婚礼。
4. 图书出版者应该**按照**合同约定的出版质量、期限出版图书。

【根据】

5. 我们**根据**大家的发言,得出以下的结论。
6. **根据**我对他的了解,我觉得这话不像是他说的。
7. **根据**化验,他的病情已经大有好转。
8. 警察认定他是杀人凶手是有**根据**的。

1. "按照""根据"是什么词?
2. 它们共同的语义是什么?有什么不同?
3. 它们后面的接续词有什么特点?
4. "读一读"例句中的"按照""根据"能不能互换?

一、填空:

1. _____我们的调查,很多留学生存在这方面的问题。
2. 我_____小芳给我的地址,找到了黄老师家。
3. _____一个人的饮食爱好,往往可以推测出他的脾气。
4. _____老北京的规矩,一座四合院,哪间房里住什么辈分的人,是有讲究的。
5. 学生非常尊重和信任老师,他们认为只要_____老师的要求去做,就一定能有好的结果。

二、判断正误:

1. 按照口音判断,他应该是陕西、山西一带的人。( )
2. 根据我的经验,人在年轻时,最头疼的一件事就是决定自己这一生要做什么。( )
3. 中国应该根据国内的实际情况制定出适合经济发展的政策。( )
4. "一个国家,两种制度"的构想是按照中国自己的情况提出来的。( )
5. 有的学者根据碗上的一个猪的图形,判断当时的人们已经吃猪肉了。( )

汉语近义词语辨析

一、朗读下列词组：

按照 ● ~有关规定、~合同的要求、~一定的程序、~中国的传统、~原则

根据 ● ~有关规定、~合同的要求、~一定的程序、~中国的传统、~原则

● ~调查、~统计、~测算、~估计、~反映、~报道

● 有~、理论~、事实~、科学~、说话的~

三、选择"一"中的词组造句：

经过　　通过

填空：

1. _____ 一段时间的治疗后，他的病情才基本得到了控制。
2. 同学们都记得放学路上有几个糖果店，而她心里最清楚的是_____几个垃圾箱。
3. "你不要直接跟他们联系，还是_____小强跟他们联系吧。"
4. 他的博士论文在美国顺利_____，指导老师说，这是一篇高质量的

论文。

例:

【经过】

1. 有一头黄牛从窗下**经过**,发出"哞哞"的叫声。
2. 从父亲当天早上发病到送到医院,中间整整**经过**了13个小时。
3. **经过**千辛万苦,我们终于成功了。
4. **经过**介绍,我才知道他叫山本敬一。
5. **经过**医生诊断,证明他的病情很严重。
6. 刚才,他一直站在人群外边,事情的**经过**看得清清楚楚。

【通过】

7. 一股兴奋的热流**通过**老人的周身。
8. 在教师的指派下,我还负责帮助五位同学**通过**了毕业考试。
9. 会议一致**通过**了三条规定:……
10. 她**通过**小刘打听父亲的身体是否健康。
11. 这些年,老太太**通过**读报,增加了很多知识。
12. 他**通过**别人帮忙,终于买到了火车票。

想一想

1. "经过""通过"是什么词?
2. 它们各具有什么语义?
3. "读一读"例句中的"经过""通过"能不能互换?互换以后语义有没有变化?

汉语近义词语辨析

一、填空：
1. 我估计_____大地震，那几栋楼应该有内伤。
2. 我一面吃饭，一面把今天事情的_____告诉她。
3. 他于今年4月_____了博士考试答辩。
4. 对于那些错误的报道，她打算_____法律途径去解决。
5. 我们那里电影院很少，我妈妈只能_____电视看到我。

二、判断正误：
1. 经过一段时间治疗，他的病情有所好转。　　　　　　（　）
2. 经过这次音乐会，他们相识了，此后相互之间有了来往。（　）
3. 经过书信来往，他们相爱了。　　　　　　　　　　　（　）
4. 国外也有不少患者经过国内亲人介绍慕名而来。　　　（　）
5. 经过比较研究，他认为，一个民族的饮食习惯很难改变。（　）

一、朗读下列词组：
经过 ● 事情的～、认识的～、谈判的～
　　　● ～北京、～车站、～一家商场
　　　● ～了十年的时间、～了半个世纪、～了一个漫长的过程、～了生活的风风雨雨
　　　● ～几十年的发展、～四十年的努力、～两天的讨论
　　　● ～挑选、～治疗、～调查、～认真的准备、～比较、～研究
　　　● ～大家讨论、～领导批准、～老师指导
通过 ● ～藏族地区、～天安门广场、～这片森林、～一条小巷、～收费站
　　　● ～了考试、～了检查、～了体检、～了检验；～决议、～提案、一

80

致～
- ～电视、～这件事、～歌声
- ～书信交往、～观察、～努力、～学习
- ～小王翻译、～老张介绍、～朋友推荐

二、选择上面的词组造句：

沿着　　顺着

填空：

1. 我_____风往前慢慢地滑。
2. 我_____大街往前走，望着每一家路过的商店。
3. "你_____这条路一直走，到红绿灯那儿左转，就有一家书店。"
4. 我_____他手指的方向看，果然不远处趴着两只狮子。

例：

【**沿着**】

1. 我看见她**沿着**街道朝东走了。
2. 她慢慢地**沿着**楼梯走了上去。
3. **沿着**改革的道路走下去，中国农村，一定有更加美好的未来。

【顺着】

4. 我**顺着**他指的方向看去,见到了那个人。

5. 我自己也失去了控制,**顺着**人流往西跑去,也不知道该干什么好。

6. 他觉得通俗小说要**顺着**老百姓的价值观走,要重视老百姓的审美倾向。

1. "沿着""顺着"是什么词?
2. 它们共同具有的含义是什么?有什么不同?
3. "沿着""顺着"的"沿"和"顺"是什么意思?
4. "读一读"例句中,哪些句子中的"沿着""顺着"可以互换?哪些不能?

一、填空:

1. 他木木地_____人流出了城,来到护城河边上。
2. 中国肯定要_____自己选择的社会主义道路走到底。
3. 她会与钢琴相伴,_____这条艺术道路继续走下去。
4. 孙喜_____那人手指看到了一位老太太,正独自一人靠着土墙,在不远处晒太阳。
5. "本性?什么叫本性?什么人不是_____环境变?"

二、判断正误:

1. 我沿着大河向陈庄走去。　　　　　　　　　　　　(　　)
2. 顺着这一线索,记者前往法院采访。　　　　　　　(　　)
3. 他大步沿着马路向前走去。　　　　　　　　　　　(　　)
4. 他们一起沿着景山公园的红墙,朝东皇城根走。　　(　　)
5. 我沿着她的视线往那边看了一眼,那儿有两个姑娘。(　　)

一、朗读下列词组：

沿着 ● ～大街、～马路、～楼梯、～人行道、～轨道、～火车道、～海岸、～铁道线、～乡间小道、～脚下这条路、～游览的路线

● ～中国特色的社会主义道路、～正确的道路、～自己选择的人生道路

顺着 ● ～风、～声音、～水流、～木纹、～这个方向、～他指的方向、～他的目光、～腿往上爬、～毛儿抚摸

● ～这个话题往下说、～自己的思路、～父母的心思去做、～事件的发展、～他们的意志

二、选择上面的词组造句：

多亏 幸亏 好在

填空：

1. 王青说："女儿长这么大，_____了朋友们的帮助。"
2. 现在他又饿又渴，_____旁边有一条河。
3. _____当时室内没人，否则非出人命不可。
4. _____有姐姐和妈妈轮流照顾，才使他减轻了一些痛苦。
5. _____被及时送往医院，她才从死神身边转了回来。
6. 房子长期没人住，非常潮湿，_____天气也渐渐热了，每天可以开窗通气。

例：

【多亏】

1. 他对孩子们说："我从你们小的时候就关心不够，**多亏**你们的妈妈。"
2. 人类的进步与发展，**多亏**了尝试。

3. 他对弟弟说:"这些年,**多亏**你照顾家,照顾妈。"

【幸亏】

4. 大夫说:"你父亲的病情虽然比较重,但**幸亏**不是晚期。"
5. 孩子得了肝炎(gānyán hepatitis),**幸亏**治疗及时,才得以康复。
6. **幸亏**那时候我脾气好,要是换了现在,我非得和他们打起来不可。

【好在】

7. 天黑下来了,什么也看不见,**好在**这条路他走得很熟,闭着眼也能走到。
8. 这是一种心理病态,**好在**这种病不会妨碍别人。
9. 中国教练走了之后,我只好自己练习了,**好在**他教的,我都牢牢记住了。

1. "多亏""幸亏""好在"是什么词?
2. 它们共同具有的语义是什么?有什么不同?
3. 它们后面的接续成分有什么不同?
4. 它们在句中的位置有什么不同?
5. "读一读"例句中的"多亏""幸亏""好在"能不能互换?

练一练

一、填空:

1. 他说:"_____你了,要是没你拦着,这小子肯定跑了,谢谢你呀!"
2. 经过医生检查,小玉确实有肝炎,_____不算严重,但得入院治疗。
3. 我感冒了,_____姐姐又做姜汤,又喂药的,才好些。
4. _____邻居及时赶到,扑灭火,把我们送往医院。
5. 路上黑漆漆的,_____路很近,不久就走到了。
6. 父亲告诉我:"你妈在挤公共汽车时摔了一跤,伤了腰,_____小郑把她背回来。"

7. _____他们身上穿的衣服比较厚,才没有受伤。
8. 他是由两个人抬进来的,_____他只有70多斤,抬起来不费劲。

二、判断正误:

1. 幸亏周围有人在干活,发现了她,不然守英就没命了。( )
2. 多亏战友和领导及时把我送到医院,才保住了我的生命。( )
3. 幸亏有关部门及时破案,农民才免遭损失。( )
4. 幸亏没告诉他们姓名地址,要不他们会找上门来拼命的。( )
5. 丈夫生病、孩子又小,可把她累坏了,多亏她年轻,只要睡上一觉就又有力气有精神了。( )
6. 我的一张返程票竟被售票员弄错了,幸亏及时发现及时改了过来。( )
7. 老人的身体垮了,手中没有分文收入,幸亏村里的人常帮她的忙,使她勉强地维持了下来。( )

说一说

一、朗读下列词组:

多亏 ●～你们的照顾、～了王老师、～小李的提醒、～邻居的帮忙、～改革开放、～了他的妻子

●～抢救及时、～遇到了你

●～小丽送他去了医院、～你带了伞、～朋友们帮忙

幸亏 ●～你没吃那个菜、～你发现得及时、～事先有准备、～我没告诉他家里的地址、～当时周围没有人、～他及时停车、～他眼疾手快、～抢救及时、～你提醒了我、～我带了雨伞、～我昨天晚上定了闹钟、～遇到了你

好在 ●～他还年轻、～孩子们都大了、～交通还很方便、～父母身体还很好、～他只是有点儿感冒、～平时学习很努力、～离那儿不太远、～这儿的冬天比较短

二、选择上面的词组造句：

常常　经常　往往

填空：

1. 我们之间共同语言越来越少，_____几天不说一句话。
2. 在这里乘地铁_____比自己开车或者坐出租车快。
3. 他的朋友不仅受到他亲切的关怀，而且还得到他_____的帮助。
4. 他每天工作到深夜是_____的事情，这样的状态已经很多年了。
5. 这是一首最近_____听到的歌，但是我不知道歌的名字。
6. 为什么父子间的冲突，即使在最亲和的家庭中，也_____不能避免？

例：

【常常】

1. 她**常常**梦见自己和妈妈说话。
2. 我母亲是演员，现在还**常常**拍电视剧呢。

【经常】

3. 以后我会**经常**回来看你们的。

4. 生活最困难的那段时间,火车站候车室是他**经常**的住处。

5. 这样的事从前也有过,尽管不**经常**。

6. 他**经常**是整夜不睡连续工作。

7. 他最**经常**说的一句话是"性格决定命运。"

8. 据估计,中国大概只有1%的人是**经常**性读书的。

【往往】

9. 一种东西**往往**在失去之后,才显得更加宝贵。

10. 有的时候一些小事儿**往往**就会影响夫妻间的感情。

1. "经常""常常""往往"是什么词?
2. 它们共同具有的语义是什么?有什么不同?
3. 它们在句子中的语法功能有什么不同?
4. 它们后面的接续有什么特点?
5. "读一读"例句中的"经常""常常""往往"能不能互换?

一、填空:

1. 我的不少农民朋友至今与我保持着_____性联系。
2. 一个人_____对感兴趣的事情学得快。
3. 在长期而_____的交往中,他们的感情日益加深。
4. 他_____因为缺乏独立生活能力而闹出许多笑话。
5. 看电影成了她最_____、最喜爱的休闲手段。
6. 许多学校都与纪念馆建立了_____性的联系。
7. 有的老师对自己不喜欢的学生_____只看到他身上的缺点。

二、判断正误：

1. "你父亲平时经常打你么？"
   "不算经常。"他低头看自己脚上的棉鞋。（ ）
2. 事情往往就是这样：当你已经绝望的时候，其实你已经站在了成功的门口。（ ）
3. 他除了用电脑打打字外，没有用它做过别的，其实打字也不经常。（ ）
4. 伟大的艺术家往往都是生命力特别旺盛的人。（ ）
5. 我往往发现，时间过得那么快，一转眼已是十年、二十年。（ ）
6. 母亲退休以后一直生病，这几年她的胃病往往发作。（ ）
7. "你常常看到大海吗？"（ ）
8. 他看到她常常想：这样的姑娘真不多见啊！（ ）
9. 她给我留下的这个印象，让我往往想起。（ ）
10. 我们希望通过两国领导人之间常常的接触，增进相互了解和信任，促进两国友好关系持续发展和不断扩大。（ ）

说一说

一、朗读下列词组：

经常 ● ～出现、～迟到、～挨批评、～谈论这个话题、～吃中餐、～偷偷地抽烟、～半个月回一次家、～一天学习十几个小时、～晚上睡不着觉

● 建立～的联系、保持～的联系、～的事、坚持～的体育锻炼、通过双方～的对话

● 不～、不太～

常常 ● ～出差、～出国、～争吵、～不吃早饭、～见到、～忘记、～不能理解

往往 ● ～一个人上街、～一家人去旅游、～不休息、～如此、～工作到深

夜、～会被批评

二、选择上面的词组造句：

时常　不时　时时

填空：

1. 他近来_____梦见自己走在桥上时,桥突然断了。
2. 他演讲的时候,会场上_____响起热烈的掌声。
3. 父母的健康_____刻刻挂在我的心上。
4. 在校园里,我们两个人_____见面,但并没有直接的交往。

例：

【时常】

1. 空闲时,白大夫还**时常**为我们上课。
2. 由于工作繁忙,她**时常**不在家。
3. 在这个路段,交通事故**时常**发生。

【不时】

4. 他房间的灯还亮着,**不时**地传出一阵咳嗽声。

5. 观众们**不时**地为运动员加油。

6. 上课的时候**不时**向老师提问的同学一定是在积极思考。

【时时】

7. 女儿不愿让妈妈难过,她要**时时**看到妈妈的笑脸。

8. 尽管工作压力很大,但他**时时**不忘自己的责任。

9. 人的一生**时时**事事都要谨慎、珍重。

10. 只要人人都献出自己的爱心,这个世界就会**时时**处处充满爱。

1. "时常""不时""时时"是什么词?
2. 它们共同具有的语义是什么?有什么不同?
3. 它们修饰的动词所表示的动作是持续的还是有间断?
4. 它们的后面接肯定形式还是否定形式?
5. "读一读"例句中的"时常""不时""时时"能不能互换?

一、填空:

1. 我有老年人常有的一些小毛病,_____离不开茶水。

2. 他给了老人很多关照,还_____去看望老人。

3. 客厅里朋友们聊得很热闹,还_____地响起一阵笑声。

4. 今年暖冬,_____听说有滑冰者掉进冰窟窿。

5. 他一个人有滋有味地吃着,还_____地喝一口酒。

6. 身为一校之长,_____处处为学生做表率。

7. 两个人手拉手走着,还_____互相看一眼,什么话也不说。

二、判断正误:
1. 他们的心是相通的,时常有书信往来。 (   )
2. 度假村环境非常优美,清晨能时时地听到各种鸟的叫声。 (   )
3. 他时时感到女儿在自己的心中,真真实实地活着。 (   )
4. 师傅在旁边看着,时常地嘱咐两句,徒弟就照着做了。 (   )
5. 杭州旅游办得不错,我们时常乘旅行社的车出游。 (   )
6. 如果是真的爱他,就应该时时处处理解他的难处,尊重他的人格,维护他的声誉。 (   )

一、朗读下列词组:
时时 ● ~关注、~想念他、~提醒他、~保持警惕、~小心、~盼望、~担心
~刻刻、~处处、~事事

时常 ● ~发生矛盾、~提醒他们、~面临生死的考验、~感受到学习的压力、~发生争吵、~迟到、~请假、~谈论、~去看他、~吃方便面、~感到头晕、~为他担心、~头痛

不时 ● ~点头、~咳嗽、~打哈欠、~看她一眼、~地擦汗、~在本子上记着、~停下来休息

二、选择上面的词组造句:

词汇知识(二)

词的构造

汉语的词从构造上可以分为两类：单纯词和合成词。

只含有一个语素的词是单纯词，由两个或两个以上的语素组成的词是合成词。组成合成词的各个语素之间有一定的关系，合成词就有内部构造问题。下面讲一讲合成词的构造。

构成合成词的语素的构词情况并不相同。一种语素有实在意义，能出现在合成词中的不同位置上。能充当这种构词成分的语素叫"词根"。

例如：

人　　人才、人道、人民、人家、人品、爱人、仇人、病人、黑人、超人

生　　生长、一生、生火、生病、生瓜、生活、生人、学生

另外还有一种语素，不具有实在的词汇意义而只用来构词，它们或者只附在词根的前面，或者只附在词根的后面。能充当这种构词成分的语素叫"词缀"，如"阿姨"中的"阿"，"老鼠"中的"老"，"桌子"中的"子"，"盖儿"中的"儿"等。有的词缀和词根同形，例如"老式"中的"老"是旧的意思，"老人"中的"老"是年龄大的意思，都是词根，和"老鼠"中的词缀"老"不一样。同样，"子孙""幼儿"中的"子""儿"都是词根，和"桌子""盖儿"里的词缀"子""儿"不一样。

汉语的合成词是由以下两种方式构成的：

一、复合法

由两个或两个以上的词根构成词的方法,叫复合法。用复合法构成的词叫复合词。构成复合词的各个语素之间有下列几种结构关系:

1. **并列式** 在意义上前一个语素和后一个语素地位平等。如:

道路　土地　攻击　生产　英明　孤独

构成以上这些词的两个语素意义相同或相近。

开关　天地　动静　赏罚　轻重　高低

构成以上这些词的两个语素意义相反。

手足　口舌　笔墨　人马　岁月　江山

构成以上这些词的两个语素意义相关。

2. **偏正式** 在意义上前一个语素修饰限制后一个语素,前为偏,后为正。如:

黑板　电灯　象牙　意译　武断　狂热　鲜红　高级

3. **陈述式** 在意义上前一个语素是被说明的对象,后一个语素表示说明的情况。如:

心疼　眼花　年轻　内秀　口吃

有的陈述式前一个语素表示动作行为的主体,后一个语素表示某种行为变化。如:

地震　雪崩　国营　民办　耳鸣

4. **支配式** 在意义上前一个语素表示某种动作行为,后一个语素表示动作行为支配的对象。如:

司机　开幕　提议　动员　关心　卫生　刺眼　悦耳

5. **补充式** 在意义上前一个语素表示某种动作行为,后一个语素表示动作行为的结果或趋向。如:

证实　改善　推广　撤回　介入　超出　促进　接近

还有这样一种补充式:

书本　　船只　　马匹　　枪支　　车辆

这种补充式在意义上以前一个语素为主,后一个语素原是量词,在这里只起补充作用。"书"可以指很多书,也可以指一本书,加上量词"本"以后,变成了书的总称,不能指一本书。"船只""马匹"等的情况相同。

6. 重叠式　语素重叠。如:

爸爸　　哥哥　　姐姐　　星星　　娃娃

语素重叠所构成的词的意义同单个语素的意义一样。再比如:

骂骂咧咧　　形形色色　　婆婆妈妈

两个语素分别重叠起来组成一个词,如果不重叠起来(＊骂咧、＊行色、＊婆妈)就不是词。

二、附加法

由词根加词缀所构成词的方法叫附加法。用附加法构成的词叫派生词。有前缀加词根的,也有词根加后缀的。汉语中词缀的数量不多,常用的前缀有"阿""老""第""初""小"等;常用的后缀有"子""儿""头""者""然""性""化"等。

1. 前缀加词根

第——第一、第二、第三、第十一

老——老虎、老师、老三、老王

阿——阿娘、阿哥、阿姨、阿宝

2. 词根加后缀

子——桌子、椅子、磙子、推子、疯子、胖子

儿——刀儿、皮儿、画儿、盖儿、亮儿、短儿

头——锄头、石头、想头、看头、甜头、苦头

然——欣然、贸然、猛然、突然、茫然、毅然

后缀还包括一批有某些表意表情作用的叠印成分。如:

乎乎——圆乎乎、胖乎乎、脏乎乎、烂乎乎

溜溜——细溜溜、灰溜溜、顺溜溜、瘦溜溜

滋滋——甜滋滋、凉滋滋

茸茸——毛茸茸、绿茸茸

附加的词缀在意义上不如词根重要,也可以说这种合成词的意义主要是由词根来表示的。所加的词缀有的多少有些意义,如前缀"第"表示次第,"圆乎乎""烂乎乎"中的后缀"乎乎",有加强词根意义和感情色彩的作用,"绿茸茸"中的"茸茸"表示又短又软又密。有的词缀没有意义或意义模糊,如"老师""老虎"中的前缀"老"、"桌子""石头""字儿"中的后缀"子""头""儿"。有的词缀有时能起语法作用,例如"盖"是动词,加"儿"变成名词,"短"是形容词,加"儿"变成名词。

"新式""西式"中的"式","女性""创造性"中的"性","画师""拳击师"中的"师","歌手""能手"中的"手",不能算作词缀,因为这些语素都有实在的意义,在意义上受前面的语素修饰或限制,和词缀的性质很不相同。

确定合成词的结构类型要了解清楚组成的语素的意义和作用,不能只根据字面上的意义。例如"经济"的意思是"经世济民","经"是治理的意思,"济"是救助、接济的意思,所以"经济"是并列式的复合词。再比如"虎视",其中的"虎"在这里意为"像老虎那样(贪婪、凶狠地)",所以它是偏正式的而不是陈述式的。有些合成词来源比较复杂,组成它的语素的意义很难说清楚,词的构造类型不易确定,如"丁香""陌生""沉着"等。

分析合成词的结构类型,分析词的内部形式,可以帮助我们比较迅速地扩大词汇,比较深刻地理解词的内容、理解词义和词性,还可以帮助我们理解词发展的历史。比如"牺牲",为什么把为了正义的目的舍弃自己的生命或权利叫做"牺牲"呢?我们可以分析"牺牲"这个词的构成:古代祭祀用的牲畜叫做"牺",供祭祀或宴飨用的家畜叫做"牲",所以"牺牲"是用"牺""牲"这两个语素用并列的方式构成的。社会发展了,古代的祭祀废弃了,"牺牲"这个词的意思也随着发生了变化。这说明了必须分析这个词的构成才能理解这个词的历史。而且"牺""牲"都是名词性的语素,用并列的方式构成,从汉语构词法的原则看,两个名词性的语素用并列的方式构成的词一般是名词,"牺牲"也应该是名词。那么我们由此可以知道,"牺牲"用作动词,如"牺牲生命",是"牺牲"这个词后来才有的词性。通过词的内部形式的分析,我们就可以了解一个词的词义和词性变化的历史。

由三个以上的语素构成的合成词的构造是多层次的,各个层次都有自己的结构形式。如:

```
公  有  制              偏正         说  明  文              偏正
                        陈述                                补充

照  相  机              偏正         大  舌  头              偏正
                        支配                                附加

有  轨  电  车          偏正         经  济  基  础          偏正

支配    偏正                         并列       并列
```

此外,还有用缩减法构成的简称,如:

北京大学——北大　　　　奥林匹克运动会——奥运会
首都钢铁公司——首钢　　工业、农业——工农业

用数字概括几种包含共同语素的"缩语",如:

思想好、学习好、身体好——三好
讲文明、讲礼貌、讲卫生、讲秩序、讲道德——五讲
语言美、行为美、心灵美、环境美——四美

根据《现代汉语》(北京大学中文系现代汉语教研室编)、《实用现代汉语语法》(刘月华等著)、《汉语知识讲话》(洪笃仁著)改写。

第九课

按时　　准时

填空：

1."千万要注意_____吃药,保证休息。"

2.她过着平平常常的生活,_____读书看报写日记。

3.每日一大早他便起床,七点钟_____出现在厂门口。

4.我看看表说:"你们很_____嘛!"

例:

【按时】

1.她总不能好好地**按时**休息,劳累过度了。

2.为了让孩子睡好,一定要培养孩子**按时**睡觉、**按时**起床的习惯。

【准时】

3.我很难适应每天八小时的工作,**准时**上班,**准时**下班,这太难受了。

4. 老师几点上课、几点下课都要**准时**。

5. 他是经理的司机,每天非常**准时**,从来不耽误事儿。

6. 他每天都来得很**准时**。

1. "按时""准时"是什么词?
2. 它们共同具有的语义是什么?有什么不同?
3. 它们在句子中的语法功能?
4. "读一读"例句中的"按时""准时"能不能互换?

练一练

一、填空:

1. 她很_____,每天上午八点到达。

2. 爸爸说:"不准吃饭,不_____回家就不许吃饭。"

3. 8点整,坐在主席台上的公司总经理_____宣布会议开始。

4. 我们并不知道他不在那儿住,因为他每月总是_____交纳房租水电费。

5. 我曾经笑话他,就像是星级宾馆的 Morningcall 那样_____。

二、判断正误:

1. 每次来上课,他都非常按时。　　　　　　　　　　( )

2. 他无论工作多忙,也会按时参加。　　　　　　　　( )

3. 爸爸像往常一样,准时起了床。　　　　　　　　　( )

4. 她从来不用我们叫,总会准时地出现在餐桌旁。　　( )

5. 早锻炼坚持得最好的是60岁以上的老年人,无论春夏秋冬,他们最准时,也很少闹病。　　　　　　　　　　　　　　　( )

一、朗读下列词组：

按时 ● ～起床、～到校、～完成作业、～吃饭、～开始、～结束、～上班、～完成、～还钱、～发放工资、～还款、～交房租、～起飞、～举办、～出发、～返回、～到达

准时 ● ～开始、～参加、～出席、～起床、～上课、～下课、～赴约、～开演
● 这么～、真～、很～、最～

二、选择上面的词组造句：

刚　刚刚　刚才

填空：

1. 她化了妆以后，跟_____简直像两个人。
2. 大家一边喝茶，一边说着_____的经过。
3. 我是在1962年跟他认识的，那时他_____过20岁。
4. 我_____把咖啡沏好，门铃儿就响了！
5. 昨天他的建议_____一说出口，就得到了大家的一片赞同。

例：

【刚才】

1. **刚才**我听见您往家打电话啊,声儿都变了。
2. 他好像一点也不知道**刚才**的事。
3. **刚才**还是热火朝天,这时变得冷冷清清。

【刚刚】

4. 王夫人说,**刚刚**给小狗做完美容,花了120美元。
5. 这儿**刚刚**下过一场大雨,路特别滑。
6. 我**刚刚**睡着,电话就响了。
7. 她**刚刚**还挺高兴的呢,怎么这会儿又生气了?

【刚】

8. 她们去年12月**刚**结婚。
9. 国庆节**刚**过,这里就下雪了。
10. 他**刚**一答应,就开始后悔了。

1. "刚""刚刚""刚才"是什么词?
2. 它们共同具有的语义是什么?有什么不同?
3. 它们在句子中的语法功能?
4. "读一读"例句中的"刚""刚刚""刚才"能不能互换?

汉语近义词语辨析

一、填空：

1. 老人此刻的声音与_____的声音似乎很不相同。
2. 她_____推开家门，就听到了母亲的一声惊叫："把门关上！"
3. 他们感兴趣的是_____的话题，_____的话题是有关物价。
4. 人们纷纷走出电影院，看来电影_____结束。
5. 儿童_____入学时，学习兴趣往往是由外界的环境引起的。
6. 我_____起床，还没有洗脸，就有人来敲门。
7. 他说他_____一出生就被确诊得了这种病。

二、判断正误：

1. 刚才你叫我文玉，我很高兴。（　　）
2. 我刚才来北京工作时，是在语言大学。（　　）
3. 刚结婚时，每次外出逛街，她总是出手大方，我也乐在其中。（　　）
4. 我刚才去医院看了个老同学。（　　）
5. 他们俩刚刚一见面就开始吵。（　　）
6. 天刚亮的时候，我就听到母亲在抱怨身体越来越不好了。（　　）
7. 刚才，他一直站在人群外边，事情的经过看得清清楚楚。（　　）

一、朗读下列词组：

刚　　●～起床、～下课、～毕业、～参加工作、～结婚、～做完作业
　　　●～一站起来就摔倒了、～一毕业就结婚了、～一见面就吵架

刚刚　●～起床、～下课、～毕业、～参加工作、～结婚、～做完作业
　　　●～睡着就被吵醒了、～出生就会眨眼睛、～上市就被抢购一空

刚才　●～的事、～的经过、～的讨论、～的发言

- ～说的话、～听到的、～想的
- ～不是下午一点吗？

二、选择上面的词组造句：

千万　　万万

填空：

1. 医生说："安眠药吃多了很危险，_____不能叫他吃那么多。"
2. 初次见面，_____想不到她爱"玩"蛇。
3. 我们提醒大家：过节_____要注意安全。
4. 产品的质量会影响我们的发展，大家_____不可粗心大意。

例：

【千万】

1. "到了那儿要跟人搞好关系，**千万**不要和人打架……"
2. 这事儿很重要，你**千万**要跟我说实话。
3. 我劝他赶快住院治疗，**千万**不要耽误了。

【万万】

4. 你**万万**不能影响她的前途，**万万**不能影响她的美好生活。
5. 不管他怎么说，离婚的事你**万万**不能答应。
6. 我**万万**没有想到，这个年轻人其实是一个骗子。

1. "千万""万万"是什么词？
2. 它们共同具有的语义是什么？有什么不同？
3. 它们都可以用在什么样的句子中？有什么不同？
4. "读一读"例句中的"千万""万万"能不能互换？

一、填空：

1. 孩子，你这么年轻，_____不可轻生呀！
2. 大家_____要遵守时间，按时集合。
3. 你们有话都好好说，_____别争吵。
4. _____没有料到，他在手术后不久心脏病突发，与世长辞（yǔ shì cháng cí pass away）。
5. 对于过去帮助过我们的老朋友，_____不要忘记他们。
6. 你_____要记住妈妈的话，注意安全。
7. 他是个爱开玩笑的人，但_____不能拿他的家庭开玩笑，那是他最神圣的东西。
8. 有一定医学知识的人都知道，癌症患者_____不可输血（shū xuè blood transfusion）。

二、判断正误：

1. 训练的时候万万不能影响他。　　　　　　　　　　　（　　）
2. 万万没想到，还不到中午，她已经不辞而别，再无消息。（　　）

3."出门在外,该花的钱千万别省,身体要紧。"　　　　　(　　)
4.你万万要坚持下去,不要认为没有希望了。　　　　　　(　　)
5.大家一定要注意休息,多喝水,千万别生病。　　　　　　(　　)
6.我们千万没有想到,我这个生活在大山里的女孩子,会得到一个外国人的关怀。　　　　　　　　　　　　　　　　　　　　　　(　　)
7.你千万要注意按时吃药,保证休息。　　　　　　　　　(　　)

说一说

一、朗读下列词组:

千万 ●～要记住、～要告诉家里、～保重、～保密、～要想好;～不能买、～别这样、～别多心、～别瞒着我、～别学我呀、～别忘了、～不要说出去、～别生气、～别客气、～别责怪他、～别让我妈妈看见、～别生病、～别信、～别紧张、～别难过、～别丢、～别勉强、～别这么想、～别出错、～别过来、～别再犹豫了、～别大意、～不要错过机会

万万 ●～没有想到、～没有预料到的、～想不到、～不会想到

●～不可多虑、～不可再推迟了、～不行、～不可粗心大意、～不能放弃、～不可让他插手

二、选择上面的词组造句:

亲自　　亲身

填空：

1. 女人所具有的全部感情,我都想_____去体验。
2. 他决定创办一所学校,黑板他动手做,门窗他_____修,教师他花钱一个个请。
3. 孙女要上学了,爷爷高兴地_____为孙女选购铅笔和橡皮。
4. 家长要放手让孩子去实践,去_____品尝成功的喜悦和失败的滋味。

例：

【亲身】

1. 要不是**亲身**经历过,我也不相信这是真的。
2. "手拉手"活动使孩子们**亲身**感受到了帮助别人的快乐。
3. 我比你年长20多岁,今天就以一个老大姐的身份和你聊聊自己的一点**亲身**感受吧!

【亲自】

4. 过节的时候,我们家人都齐了,爷爷会**亲自**做几个菜。
5. 许多事都得自己来**亲自**试一下才成,别人没法跟你说,也说不清楚。
6. 他的老伴儿**亲自**做了日本小点心招待我。

1. "亲自""亲身"是什么词？
2. 它们共同具有的语义是什么？有什么不同？
3. 它们分别可以和哪些词组合？
4. 它们在句子中的语法功能？
5. "读一读"例句中的"亲自""亲身"能不能互换？

一、填空：

1. 他决定抽出一点时间_____去了解了解。
2. 这种痛苦，没有_____体会，是难以想像的。
3. 为了让外地员工过好春节，总经理_____请员工在餐厅就餐。
4. 游客似乎也不喜欢只是参观，而更愿意_____参与一些活动。
5. 这样_____感受一下真的对我们很有好处。

二、判断正误：

1. 邓小平同志亲自倡导（chàngdǎo initiate）了开展全民义务植树运动。
   （　　）
2. 原来野外的亲身调查也可以成为论文的基础。（　　）
3. 他很重视读者来信，他本人就亲身给读者写回信。（　　）
4. 你作为老板，不可能亲身去管理这十几个工人，对吗？（　　）
5. 如果您通过亲自的经历，对人生有所感悟，请您写下来，刊登在"人生一得"栏目上，让大家共享这份精神财富。（　　）

一、读下列词组：

亲身 ● ～体会、～经历、～实践、～感受到、～经验、～去体验、～见闻

亲自 ● ～看一眼、由他～动手、～去照料他、～迎接、～指挥、～接电话、～做调查、～出面、～跑一趟、～接待、～指导、～面试、～处理、～过问此事、～讲解、～布置、～担任了指挥、～作示范、～下厨做了几个菜

二、选择上面的词组造句：

第十课

几乎　　简直

填空：

1. 他头发掉了许多，_____快要秃顶(tūdǐng bald)了。
2. 这儿跟我们大草原比起来，_____太小了，小得实在可怜。
3. 没有一个人比我更爱阿苹，我曾经为她_____自杀。
4. 大家_____把她看作精神病人了，全都离她远远的。

例：

【**几乎**】

1. 低年级的学生**几乎**完全不懂这本书说的是什么。
2. 每个月的奖金都**几乎**有工资的一半。
3. 他本来也想赞扬一下这道菜的，可一尝，又酸又苦，**几乎**吐出来。

【简直】

4. 我**简直**弄不明白他这样做的目的是什么？
5. 他越说越气愤，**简直**像要打人的样子。
6. 他**简直**是钉在办公室里了，很少出去走走。
7. 这消息**简直**比娶媳妇还让老张高兴。
8. 这个小王，**简直**是不像话！

想一想

1. "几乎""简直"是什么词？
2. 它们共同具有的语义是什么？有什么不同？
3. "简直"后面的句子有什么特点？
4. "读一读"例句中的"几乎""简直"能不能互换？

练一练

一、填空：

1. 她不仅爱她的丈夫，而且_____是崇拜他。
2. 我调到他们单位工作以后，就_____和他天天见面了。
3. 他的房间里_____从早到晚都有客人。
4. 他的这个决定太突然了，她_____不知道该怎么回答他。
5. 他们举办了个很隆重的婚礼，_____把巴黎的华人和学中文的法国朋友全请到了。

二、判断正误：

1. 她觉得，那两块玻璃，几乎就是他的一双眼睛。　　　　　　（　　）
2. 我看到这情形，几乎惊呆了，半天没说出话，眼泪不知什么时候流了下来。　　　　　　　　　　　　　　　　　　　　　　　　（　　）
3. 自打我认识她以来，十多年里她那模样简直没有一点儿变化！（　　）
4. 这种样式的衣服现在简直没有人穿了。　　　　　　　　　　（　　）

5. 从山东一口气走到了江苏,走到八十多里时我的腿几乎就不像是长在我身上了。（　　）

一、朗读下列词组：

几乎 ● ～都去了、～占50%、～跑遍了北京、～每个人都参加了、～少了一半、～一夜没睡、头发～全白了、～等了一个小时、～听不见

● ～吵了起来、～病倒了、～掉到水里、～要哭了、～摔倒了、～要跳了起来

简直 ● ～不可思议、～不敢相信、～不知道怎么回答、～跟真的一样、～像疯了似的、～是胡说八道、～像一幅画、～像一座山

二、选择上面的词组造句：

差点儿　　几乎

填空：

1. 他说得我_____没掉下泪来。
2. _____一个月过去了,她才拿到第一星期的工资。
3. 这十多年我_____把她忘干净了。

例:

【差点儿】

1. 最后一场演出他**差点儿**忘了歌词儿。
2. 朋友们吓得**差点儿**没晕过去。
3. 他听了一愣,后退半步,手里的碗**差点儿**没掉下去。
4. 这次考试,他只考了59分,**差点儿**就及格了。
5. 这次考试,他只考了60分,**差点儿**没及格。
6. "你怎么了?没切到手吧?""**差点儿**。"

【几乎】

7. 他年轻时曾在那里落入河中,**几乎**没淹死。
8. 在讨论中,我们**几乎**争论了起来。
9. 事情**几乎**就办成了。
10. 陈小丽我**几乎**没认出来,我以为是个新生。
11. 不能说没有,但是可能性很小,**几乎**是千万分之一。
12. 我们**几乎**没有一个星期不吵架!

1. "差点儿""几乎"是什么词?
2. 它们共同具有的语义是什么?不同呢?
3. "读一读"例句中的"差点儿""几乎"能不能互换?

下列句子中的"几乎"哪些可以用"差点儿"代替?哪些能用"差不多"代替?

1. 他几乎天天迟到。　　　　　　　　　　　　　　(　)
2. 我几乎没见到过父亲有那么激动的时候。　　　　(　)

3. 他望着我,几乎要哭出来。（　）
4. 他讲这些话时,几乎流出了眼泪。（　）
5. 他们俩几乎天天晚上都要聊到深夜。（　）
6. 一大桌子的好饭好菜,几乎没怎么动筷子。（　）
7. 沈先生讲课时所说的话我几乎全都忘了。（　）
8. 他几乎每一句都唱走了调。（　）
9. 丈夫死后的三年里,她几乎没跟村里任何人说过话。（　）
10. 他听我说了这话,脸色发红,几乎就要打我一耳光。（　）

说一说

朗读下列词组：

差点儿 ● ～（没）摔倒、～（没）晕过去、～（没）哭了、～（没）忘了、～（没）叫起来、～（没）争论起来、～（没）被辞退、～（没）吹了
● ～没考上、～没办成、～没及格、～没毕业
● ～就考上了、～就办成了、～就及格了、～就毕业了

几乎 ● ～（没）摔倒、～（没）晕过去、～（没）哭了、～（没）忘了、～（没）叫起来、～（没）争论起来、～（没）被辞退、～（没）吹了
● ～没考上、～没办成、～没及格、～没毕业
● ～就考上了、～就办成了、～就及格了、～就毕业了
● ～一半、～有 1/3、～占 60%、～都懂了、～都去了、～跑遍了北京、～每个人都参加了、～一夜没睡、头发～全白了、～等了一个小时、～听不见

二、选择上面的词组造句：

到底　终于　总算

填空：
1. 那天中国队踢得真窝囊，_____让老外赢了两个球，散场时我心里这个气呀。
2. 我对准他的脸，辨认好久，_____想起来了。
3. 她卖了汽车，又四处借钱，_____凑够了10万块钱。
4. 冬去春也去，短暂的夏天_____来了。
5. 一个月800块钱工资。不管怎么说，_____能养活自己了。
6. 这句话他想了三天三夜，_____也没想明白这话里的深意。

例：

【终于】
1. 由于种种原因，他直到年近八十才**终于**来到中国。
2. 经过千辛万苦，我们**终于**成功了。
3. 他**终于**考上了北京大学。

【总算】
4. 车祸以后，他经过半年的训练，**总算**能站起来了。
5. 虽然房子很小，不过**总算**有了自己的家，不用再跟父母住在一起了。
6. 我找了你半天，**总算**找着你了。

【到底】

7. 四十几年后,他才知道小花她**到底**是死了。

8. 她最害怕的事,**到底**发生了。

9. 男主人**到底**见过世面,大大方方地回答记者的问题。

10. 你说,这问题**到底**出在哪儿呢?

1. "到底""终于""总算"是什么词?
2. 它们共同具有的语义是什么?有什么不同?
3. "读一读"例句中的"到底""终于""总算"能不能替换?

一、填空:

1. 经过久久的思索,我_____明白了。

2. 繁重的工作_____把他累垮了。

3. 两年以后,我_____有机会第三次去那座古城。

4. 她拉住父亲一个劲地恳求他不要走,但父亲_____还是走了。

5. 那个学校_____答应接收他,但要交5000块钱借读费。

6. 今年天气一直干旱,昨天_____下了点"毛毛雨",真不容易啊!

7. 他租到了一套比较小的房子,虽然不是很满意,但是住的问题_____暂时解决了。

二、判断正误:

1. 她说小红看上去情绪低落,没想到丢一百块钱对她打击这么大,她说小红终于病了。　　　　　　　　　　　　　　　　　　(　)

2. 经过再三恳求,他总算答应了,不过给我们提了条件。　　(　)

3. 他用铅笔练习了无数遍,到底有了把握了,才在本子上写上了自己的名字。　　　　　　　　　　　　　　　　　　　　　　(　)

4. 他们犹豫了一下，总算也没有谁向谁主动地伸出手去，所以就没有握手。（　）
5. 一个半小时后，我终于站在了语言大学的大门外。（　）
6. 他们用了整整三十年，才终于坐到了一张桌子的两边。（　）
7. 在国外生活太难了，在朋友们的帮助下，第一年总算是对付过来了。（　）

一、朗读下列词组：

终于 ● ～成功了、～考上了、～明白了、～想起来了、～来了

总算 ● ～放心了、～凑够了、～熬过来了、～活下来了

到底 ● ～还是死了、～还是离了、～还是输了、～也没有说服他、～是病倒了

　　● ～是个孩子、～是年轻人、～是老师、～是个男人、～是做父母的、～是老了、～是秋天了、～是大城市、～是老朋友了

　　● ～怎么回事、～什么关系、～行不行、～有多少人、～去哪儿

二、选择上面的词组造句：

第十课

毕竟　　究竟

填空：

1. 这小花，_____是活着，还是死了？
2. 不要责怪他了，他_____还是个孩子。
3. 一大早，我就往他家打长途电话，想问个_____。
4. 这个小区的房子很大，空气也好，但_____离市区太远了。

例：

【**究竟**】

1. 你告诉我，你**究竟**哪些话是真的？
2. 他让司机停下车来，走过去看个**究竟**。
3. 虽然是名牌，但样式**究竟**老了点。
4. 虽然他的诗有一定的高度，但**究竟**是刚刚起步，还处在发展之中。
5. 农村**究竟**是农村，生活条件还是比城里差点儿。
6. 她**究竟**还只是一个小女孩儿，她的作品也体现了纯洁的童心，对大自然的热爱。

【**毕竟**】

7. 他虽然有些不乐意，但**毕竟**还是去了。
8. 虽然那次飞行的距离只有36米，但**毕竟**是实现了人类飞天的理想。
9. 这些年轻人，**毕竟**没有见过大场面，一开始在心理上就处于被动地位。

10. **毕竟**是大学生了,我的头脑比三年前灵活多了。

1. "毕竟""究竟"是什么词?
2. 它们共同具有的语义是什么?有什么不同?
3. "读一读"例句中的"毕竟""究竟"能不能互换?

一、填空:

1. 看热闹的人不知出了什么事,也跟在他后面跑,想看个_____。
2. 我不知他们_____会不会说中国话,反正他们都带着翻译。
3. 我一夜没睡,也没想出个_____。
4. 你知道外国人_____为什么不喜欢十三吗?
5. 她_____是个女人,扛这个东西还是很吃力的。
6. 虽然工资不高,但_____算是有了工作,总比在家呆着好。

二、判断正误:

1. 毕竟是我错了还是你错了? ( )
2. 毕竟是练过游泳的人,姿势非常标准。 ( )
3. 那个姑娘毕竟有什么可爱的地方?你还非她不娶! ( )
4. 他打电话只说晚上不回家吃饭了,也没说个究竟。 ( )
5. 孩子毕竟是孩子,哭过之后又高高兴兴地去玩了。 ( )
6. 家里虽然经济条件不太好,不过毕竟比前些年好多了。 ( )

说一说

一、朗读下列词组:

究竟 ●看个～、问个～、瞧个～、弄个～

- ~去不去、~知道不知道、~为什么、~懂不懂、~怎么样
- ~还是个孩子、~是年轻人、~年纪大了、~是老教师、~是个女人、~是农村、孩子~是孩子、年轻人~是年轻人、年纪大了~是年纪大了
- ~还是去了、~比以前好多了、~算是有工作了、~考上了大学、~没有什么大病

毕竟
- ~还是个孩子、~是年轻人、~年纪大了、~是老教师、~是个女人、~是农村、孩子~是孩子、年轻人~是年轻人、年纪大了~是年纪大了
- ~还是去了、~比以前好多了、~算是有工作了、~考上了大学、~没有什么大病

二、选择上面的词组造句：

从来 向来 一向

填空:

1. 他_____是比较温和的。
2. 这位画家的作品我非常熟悉,不过我_____没见过这位画家。
3. 他_____喜欢住在高层,这次来北京就住在饭店的第二十三层。
4. 听说他这个人_____不太爱说话。
5. 他只顾自己,_____不关心别人。
6. 我当着外人_____都是夸你,不像你,总跟人家说我不好。

例:

【从来】

1. 他**从来**没喝过这么多酒。
2. 我对电视节目**从来**不感兴趣。
3. 爱情,**从来**就是一个永远也讲不完的故事。

【向来】

4. 山里的孩子**向来**胆小,怕见生人。

5. 他对大家的事情**向来**热心。

6. 对于老王,我**向来**放心。

7. 他会说英语,可是在国外,他**向来**不用英语说话。

【一向】

8. 他**一向**严肃。

9. 他的身体**一向**不太好,常年吃着药。

10. 我的语文成绩**一向**较好,是她喜爱的学生之一。

11. 我们关系**一向**很好,直到今天还保持着友谊。

1. "从来""向来""一向"是什么词?

2. 它们共同具有的语义是什么?

3. 它们后面接续的多是什么样的句子?

4. 它们的语气有什么不同?

5. "读一读"例句中的"从来""向来""一向"能不能互换?

一、填空:

1. 她还_____没考虑过结婚的事。

2. 小梅_____老实。

3. 他们感情很好,_____没有红过脸。

4. 他做事_____认真。

5. 他_____心直口快,有啥说啥。

6. 这儿的交通_____方便。

7. 那个小伙子与她_____就关系密切。

8. 她认为中国人做事情，_____拖拖拉拉。

二、判断正误：

1. 他们夫妻从来感情不错。　　　　　　　　　　　　　（　）
2. 小王的学习成绩一直很好，他对这点从来就很自豪。　（　）
3. 母亲一向如此，家里来个生人就当客人，客人肯留下吃饭就高兴无比。
　　　　　　　　　　　　　　　　　　　　　　　　　（　）
4. 在家里，爸爸向来就是说一不二的。　　　　　　　　（　）
5. 一向十分严谨的他，为了搞好这次讲学，一年前就开始做准备工作。
　　　　　　　　　　　　　　　　　　　　　　　　　（　）
6. 我们学校的校风校纪从来很好。　　　　　　　　　　（　）
7. 从来淘气的小明变得无精打采，小脸烧得通红，全家人连忙把孩子送到医院。　　　　　　　　　　　　　　　　　　　　（　）

说一说

一、朗读下列词组：

从来 ● ～没有实话、～不看比赛、～不撒谎、～没有耐心、～不感兴趣

向来 ● ～认真、～朴素、～如此、～爽快、～爱热闹、～放心、～说话算数、～认为、～主张、～很温和、～友好、～严厉、～乐观、～好学、～用功、～刻苦、～精明、～小气、～自尊心很强、服务态度～很好、～实事求是、对他～尊敬、对他～不信任、对工作～负责、～意见不一致

一向 ● ～认真、～朴素、～如此、～爽快、～爱热闹、～放心、～说话算数、～认为、～主张、～很温和、～友好、～严厉、～乐观、～好学、～用功、～刻苦、～精明、～小气、～自尊心很强、服务态度～很好、～实事求是、对他～尊敬、对他～不信任、对工作～负责、～意见不一致

二、选择上面的词组造句：

一连　接连　一口气儿

填空：

1. _____几年，我不再去看电影。
2. 他真想把所有的事儿都_____做完。
3. 他们_____工作十几个小时是常事。
4. 我可以_____几个小时坐在这儿，一直到深夜。
5. 这本小说很有意思，我_____读完了。
6. _____诊治了9个病人后，王医生回到休息室。
7. 他在此后的半个月里，_____收到过去那些伙伴的来信。
8. 在这样的日子里，我有时_____几天说不出几句话。

例：

【一连】

1. 我病的时间好长，**一连**十几天没有上班。
2. **一连**几天他都在海边钓鱼。

3. 去年夏天,他**一连**干了七八天,终于累倒了,住进了医院。
4. 那年冬天,**一连**下了几天大雪。

【接连】
5. 当电视上**接连**播放广告的时候,大家都打起哈欠来。
6. 有天下午我**接连**逛了几家书店。
7. 近几年,各行各业的各种比赛、竞赛、大奖赛**接连**举行,有的比赛确实赛出了水平。
8. 他**接连**不断地被各个大学请去做报告。
9. 地震发生后,大家不顾**接连**不断的余震投入了救援工作。
10. 临近春节,各大商场的优惠促销活动**接连**不断。

【一口气儿】
11. 他干事喜欢**一口气儿**干到底。
12. 他**一口气儿**跑了四十多里路,跑进了县城。
13. 虚弱的她**一口气儿**只能走出一百来米。

1. "一连""接连""一口气儿"是什么词?
2. 它们共同具有的语义是什么?语义重点有什么不同?
3. 它们后面的接续有什么不同?
4. "读一读"例句中的"一连""接连""一口气儿"能不能互换?

一、填空:
1. 跟他下了几盘棋,他_____地输给我。
2. 他_____跑到钟表柜台前,他要给她买一块表。
3. _____三天,雨不见停,人不见归。

4. 供电系统_____发生严重事故。

5. 我一走出图书馆,就_____跑到三楼那个教室门口,想在门口堵住他。

6. _____几天,她都回来得很晚。

7. 她当时确实很辛苦,两个孩子的_____出世,常常使她又要上班,又要给孩子喂奶……

8. 近几年来,南方和北方一些大江大河_____发生洪涝灾害。

二、判断正误：

1. 他一口气儿提了许多要求。　　　　　　　　　　　　　（　）
2. 我在那儿一连呆了好几天。　　　　　　　　　　　　　（　）
3. 他一连几天昏迷在医院的床上。　　　　　　　　　　　（　）
4. 最近几天一连出现了零下10度的低温。　　　　　　　（　）
5. 这本书我是一口气儿读完的。　　　　　　　　　　　　（　）
6. 有人喊救命的声音一连传来,他立刻停下,判断声音上从桥下传来的。
　　　　　　　　　　　　　　　　　　　　　　　　　　（　）
7. 这场雨,连续不断,一连下了半个月,晚上睡觉都要盖棉被了。（　）

说一说

一、选择"一连"、"接连""一口气"改说下列句子：

1. 我从上个星期就没有见到小王了。
2. 他心情不好的时候,好几天都不怎么说话。
3. 中国最近几年的经济增长率都超过了10%。
4. 今天是我生日,我的妈妈、朋友、同学都给我打电话祝贺生日。
5. 我们学校的足球队上星期输给了北京大学队,昨天又输给了清华大学队。
6. 最近几个月,一下课我就去图书馆。
7. 他身体非常好,跑五公里都不觉得累。

二、朗读下列词组：

一口气儿 ●～跑回宿舍、～喝了下去、～喝光、～从一楼跑到八楼、～走了五里地、～睡了三天、～爬上山顶、～憋十几分钟、～演出了70多场、～把药全部喝下、～干了20多个小时、～讲了五个小时、～读完这篇小说、～写完、～写下了两首诗

一连 ●～下了三天雨、～来了两个新同学、～错了三道题、～赢了两次、～高兴了好几天、～唱了三首歌、～看了三场演出、～买了好几套衣服、～休息了好几天

●～三天没来、～几天不说话、～一个星期没见到他、～几年经济快速增长

接连 ●～下了三天雨、～遇到两次精神打击、～唱了三首歌、～抽了几支烟、～逛了几家书店、～发表了几篇文章

●～收到他的来信、～发生、～出现、～取得成功、～传来、～失利、～不断

三、选择上面的词组造句：

连连　　一个劲儿

填空：

1. 我气得_____问她："他是谁？这小伙子是谁？"

2. 最近物价_____地猛涨。

3. 他_____盯着我问："为什么？为什么？"

4. 这几年他_____获奖,名声大振。

例：

【一个劲儿】

1. 大上午的,路上就**一个劲儿**地堵车。

2. 前边的人不离开,后边的人又**一个劲儿**向前拥挤。

3. 他**一个劲儿**地纠缠我,我不答应他就不走。

【连连】

4. 我对她**连连**挥手,让她快走。

5. 他在事业上**连连**获得成功。

6. 由于不善经营,**连连**亏本。

1. "连连""一个劲儿"是什么词？

2. 它们共同具有的语义是什么？有什么不同？

3. "读一读"例句中的"连连""一个劲儿"能不能互换？

一、填空：

1. 他_____地点头。

2. 相同的书名使读者_____产生误会。

3. 听到朋友们的祝福,他只是_____地笑。

4. 最近一段时间他在国内外一系列重大比赛中_____失手。

5. 中国乒乓健儿在第43届世乒赛上_____夺冠。

二、判断正误：

1. 他情绪不稳定，连连失误，很快以十六比二十一输掉最后一局。（　）

2. 此时此刻，语言好像并不重要，他连连地直点头。（　）

3. 他每次从农村回来后一个劲儿地向我们说，现在的农民真富了，瓦房盖得漂亮。（　）

4. 孩子几天又没见爸爸来看他，就一个劲儿地问妈妈："爸爸怎么不来看我？"（　）

5. 当记者问她是否高兴时，这位老人连连点头，激动得说不出话。（　）

一、朗读下列词组和小句：

一个劲儿 ● ～地唱、～地跳、～哭、～地看、～地说、～嚷、～打手势、～地点头、～地夸他、～往前挤、～地埋怨、～往后看、～打电话、～地念叨、～地抽烟、～地摇头、～谢我、眼泪～地往外流、河水～地猛涨、这条路～地堵

连连　　● ～点头儿、～称赞、～摆手、～咳嗽、～摇头、～叹气、～答应、～道谢、～招手、～道歉、～挥手、～出事、～失误、～获奖、～出错、～后退、～犯规、～亏本、～认错

二、选择上面的词组造句：

第十一课

一直   始终

填空：

1. 这两句话我_____记得，可是一直不知道是什么意思。
2. 我想我们的目标_____不会改变。
3. 这场雨从晚上_____下到天亮也没停的意思。
4. 他们见面的时候，他_____一句话也不说。
5. 他的房间里，床上、桌子上、沙发上，_____到地上全都是书。
6. 手术_____进行了8个小时才结束。

例：

【一直】

1. 他的房间**一直**干干净净的。
2. 他这些年**一直**跟着奶奶过。
3. 这个问题我思考了很久，**一直**没有答案。
4. "从今天起，我养活你，**一直**把你养大。"
5. 我们等他**一直**等到九点。
6. 这列火车，从北京**一直**开到上海，中途不停车。
7. 他吃完晚饭就开始学习，**一直**到睡觉。

8. 从北京的二环、三环、**一直**到四环,有点儿名气的饭馆他都去过。
9. 雨**一直**下了三天三夜。
10. 你**一直**朝南走,不要拐弯。

【始终】

11. 生病的这段时间,他**始终**很乐观。
12. 这张邮票他**始终**珍藏着。
13. 这件事他**始终**不知道。
14. 做事要有**始终**,不能半途而废。

1. "始终""一直"是什么词?
2. 它们共同具有的语义是什么?语义重点有什么不同?"始""终"是什么意思?
3. 由于它们的语义重点不一样,所以在一些什么样的句子中是不能互换的?
4. "读一读"例句中的"始终""一直"能不能互换?体会一下互换后在语义上的细微差别。

一、填空:
1. 在跟姑娘见面的过程中,他_____彬彬有礼。
2. 我吃完饭,就帮我妈干活儿,_____到睡觉。
3. 经过了半个世纪的风风雨雨,他们的友情_____如一。
4. 他几次来信请我去他那儿工作,我_____没答应。
5. 他们夫妻开车_____把我送到北京。

二、判断正误：

1. 他的这种情绪始终持续到晚上。（　）
2. 他发烧好几天了，一直带病坚持工作。（　）
3. 在他心中，她一直活着。（　）
4. 这个道理人人都知道，但是坚持始终并不容易。（　）
5. 我在家乡生活到十九岁，在昆明住了七年，上海住了一年多，以后一直住在北京。（　）

一、朗读下列词组：

一直 • ～持续到晚上、～送到家、～用到现在、～哭到天亮、～等到三点、～忙到九点多、～睡到下午、～玩到深夜、～走到车站

• 从小学～到大学、从2000年～到现在、从改革开放～到今天、～到中午、～到离开中国、～到最后、～到北京、～到家、～到车站、～到机场

• ～睡了十个多小时、～坐了三个小时、～找了四个小时、～讨论了半天、～走了几十里路、～保持了好多年、～工作了三十年

• ～走、～朝东走、～往南

• ～住在北京、～很忙、～很辛苦、～在学习、～工作、～很乐观、～很开朗

始终 • ～住在北京、～很忙、～很辛苦、～在学习、～工作、～很乐观、～很开朗

二、选择上面的词组造句：

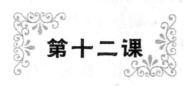

不比　　没有

填空:

1. 他比我要大八九岁,但我觉得他并_____我成熟。
2. 他虽然身体瘦小,但生活的重担_____任何人轻。
3. 那时的思想还_____现在这么开放。
4. 现在街上的行人似乎_____刚才那么多了。

例:

【不比】

1. 每回考试我总是班里的第一名,这说明我并**不比**别人差。
2. 现在是信息社会,大人也**不比**孩子知道的多。
3. 乡下人的脑袋一点也**不比**城里人笨。
4. 中国的西北地区**不比**江南,那儿缺水非常严重。
5. 我家也**不比**外边暖和多少。

6. 我妈的脾气也**不比**我爸好多少。

【没有】

7. 他觉得哪儿也**没有**北京好。
8. 男人力气大，可是做起细活来，就**没有**女人做得细致。
9. 他觉得那些女人都**没有**他女朋友漂亮。
10. 他的二儿子**没有**大儿子那么高大。
11. 解放初期，人口**没有**这么多。
12. 瞧你那点儿心眼儿（xīnyǎnr heart, mind），还**没有**绿豆大。

1. "比""没有"是什么词？
2. 在"他～我高"这句话中，用"不比"和"没有"，句子的意思有什么区别？
3. 它们后面接续的词有什么特点？
4. 它们使用的句式有没有不同？

一、填空：

1. 要管好一个厂并_____要建好一个厂容易。
2. 那时这条街_____这么宽，_____这么直，更_____这么繁华。
3. 农村_____城里，想吃什么菜可以自己种。
4. 他大约在四十岁左右，但也许实际年龄_____那么大。
5. 按照自己的收入，过自己的日子，静下心来，你会发现，我们的快乐，并_____别人少。
6. 他_____别人那么激动，显得十分冷漠。

二、判断正误：

1. 电视报道不比广播与报纸，它是即时性的。　　　　　　　　（　　）

2. 他今天的态度不比往常,非常严肃。（　　）
3. 欧美发达国家生活水平虽然比我们高,但人均寿命却没有我们长多少。（　　）
4. 中国人的智力不比外国人差,中国人不是低能的,不要总以为只有外国人才干得好。（　　）
5. 专家认为,中国运动员的身体素质并不比外国运动员差。（　　）
6. 足球比赛的激烈程度肯定要超过去年,但进球数可能不比去年那么多。（　　）

一、朗读下列词组：

不比 ● ～你知道的多、～你去的地方多、～国外差、～城里人笨、～她漂亮、～你成熟、～北方暖和、～他的条件差、～我学得好、～他干得少、～他挣得多

● ～你知道的多多少、～国外差多少、～她漂亮多少、～你成熟多少、～北方暖和多少

● 现在～从前、今年～往年、女人～男人、农村～城市、中国～外国、小孩～大人

没有 ● ～他成熟、～她漂亮、～想像的那么好、～他那么认真、～北京那么大、～他的房间那么宽敞、～他那么有能力

二、选择上面的词组造句：

第十二课

不如　　不及

填空：
1. 要说方便的话，坐车_____骑自行车。
2. 尽管我们在实力上_____中国队，但我们在比赛中还是会尽全力。
3. 她说人和人不一样，苦命的人活着_____死。

例：

【不如】

1. 好多大人还**不如**我们小孩懂事呢。
2. 我想来想去还是你说得对，女人干得好**不如**嫁得好。
3. 我看了她的相片，她**不如**我，一眼就可以看出来**不如**我，相貌**不如**我，气质也**不如**我。
4. 他想，儿子将来恐怕连他都**不如**。
5. 他后来想，与其寄信去，还**不如**寄个包裹，放些东西。

【不及】

6. 那些小树的树干还**不及**胳膊粗。
7. 花鸟画对时代精神的反映，当然**不及**人物画那么直接与具体。
8. 昆曲比京剧更古老，但活力**不及**京剧。
9. 小李的翻译水平**不及**小王，但也很不错了。

汉语近义词语辨析

1. "不如""不及"是什么词?
2. 它们共同具有的语义是什么?有什么不同?
3. 它们都出现在什么样的句式中?
4. 它们后面的接续有什么不同?
5. 它们有没有语体的区别?
6. "读一读"例句中的"不如""不及"能不能互换?

一、填空:

1. 总吃饭馆多贵呀,_____尝尝我的手艺。
2. 这个湖的知名度_____白洋淀。
3. 从品质上来说,我们许多许多的人都_____一条狗。
4. 作为一个领导,说话要考虑周全,从这一点来说,远_____普通老百姓自由。
5. 那间房闲着也是闲着,你_____把它出租给别人。
6. 他是副市长,可是家里的房子连一些普通职工都_____。
7. 八一队队员的平均身高_____北京队,但却一直掌握着场上的主动权。

二、判断正误:

1. 你放着吧,我看你做,还不如我自己做。　　　　　　　　(　　)
2. 讲一万句空话,不及办一件实事。　　　　　　　　　　　(　　)
3. 早知道你这么笨,还不及我一个人干。　　　　　　　　　(　　)
4. 与其自寻烦恼,不如快快乐乐地过好每一天。　　　　　　(　　)
5. 新出校门的学生文化水平比我们高,可在艺术上不如我们有经验。

　　　　　　　　　　　　　　　　　　　　　　　　　　　　(　　)

6. 非洲足球的最大弱点就是整体性不强,在科学性训练上不及欧洲队。
（　　）

一、朗读下列词组和句子：

不如
- ～孩子、～女人、～北京、～秋天、～小王、～坐车、～我去、～你一个人去、～打电话
- ～孩子懂事、～女人能干、～北京大、～秋天风景美、～小王聪明、～坐车快、～我去方便、～你一个人去好、～打电话说的清楚
- 连孩子都～、连普通人都～、连狗都～、连佣人都～、连一年级的学生都～
- 与其这样,还～我自己干、与其坐车去,～走着去、与其去看海,～去看沙漠

不及
- ～孩子、～女人、～北京、～秋天、～小王
- ～孩子懂事、～女人能干、～北京大、～秋天风景美、～小王聪明

二、选择上面的词组造句：

三、下面是一些含有"不如"的俗语,朗读并体会其含义：
1. 来得早不如来得巧
2. 多一事不如少一事
3. 远亲不如近邻
4. 百闻不如一见
5. 恭敬不如从命
6. 良田千顷,不如一技在身
7. 口说千日,不如手做一时

8. 求人不如求己
9. 长痛不如短痛
10. 好死不如赖活着
11. 好吃不如饺子
12. 临渊羡鱼,不如退而结网
13. 授之以鱼不如授之以渔
14. 知之者不如好之者,好之者不如乐之者

不免　　难免

填空:

1. 我想到今后将要在北京工作,心中_____有些激动。
2. 童年,不管它是什么样子,每当回想的时候,总_____唤起一种难忘的情怀。
3. 工作中意见不一致是_____的。
4. 谁都知道经理特别忙,不抓紧时间谈,_____被别的事情打断。
5. 他为自己辩护说:"服务态度有时不好,这也_____——谁都有心里烦闷的时候。"
6. 她走得那么突然,我们都没有思想准备,心里_____十分难过。

例:

【不免】

1. 我被老师表扬,心中**不免**有几分得意。

2. 看着窗外荒凉的一切，我**不免**有些伤感。

3. 爸爸看了孩子的画儿，**不免**"哈哈"大笑起来。

【难免】

4. 女孩子娇气、任性，到了外国**难免**有不顺心的事情。

5. 他开导我："说到底，人生**难免**一死。"

6. 小错误**难免**，要避免犯大错误。

7. 学习汉语，说错、写错也是**难免**的事。

8. 一个人**难免**犯错误。

9. 我没说清楚，**难免**不被人误会。

10. 刚来中国，**难免**有点儿不习惯。

想一想

1. "不免""难免"是什么词？
2. 它们共同的语义是什么？有什么不同？
3. 它们在句子中的语法功能？
4. 它们的后面能不能跟否定形式？
5. "读一读"例句中"不免""难免"能不能互换？

练一练

一、填空：

1. "不要胡思乱想，"我说，"夫妻吵嘴是_____的。"

2. 小林放弃了这次机会后，有时_____有些后悔。

3. 虽然她在工作中仍_____有小差错，但她毕竟还是个好乘务员。

4. 工作中意见分歧是_____的，有时分歧严重，吵得很厉害，也属于正常现象。

5. 忽然听到有人在低声用英语哼着一首我很喜爱的歌曲，_____惊奇万分。

二、判断正误：
　　1.大陆和台湾隔离太久,有点误解不免,某些观点不同也属正常。
　　　　　　　　　　　　　　　　　　　　　　　　　　（　）
　　2.我们的商品流通环节多,流通成本高,价格不免高。　（　）
　　3.长此下去,怕也难免悲惨的结局。　　　　　　　　（　）
　　4.因为是第一次去面试,心里不免有点紧张。　　　　（　）
　　5.人和人呆在一起的时间长了,难免产生感情。　　　（　）

一、朗读下列词组：
　　难免 ● ～有点儿想家、～有点儿不习惯、～发生问题、～看法不一致、～产生矛盾、～让人怀疑、～出差错、～要走一些弯路、～发生误会、～遇到困难、～有这样那样的缺点
　　　　● 错误是～的、～的事
　　不免 ● ～有些感慨、～感到庆幸、～伤心起来、～暗暗着急、～有点儿后悔、～产生疑问、～感到遗憾、～感到寂寞、～惭愧

二、选择上面的词组造句：

第十二课

以免 免得 省得

填空：

1. 她斜靠在椅子上，_____因长时间站立而过分劳累。
2. 今天有点儿阴天，还是带着伞吧，_____到时候挨淋。
3. 小梅轻手轻脚，尽量避免吵醒父亲，_____他醒早了咳嗽。

例：

【以免】

1. 他曾经劝告我，不要在夜里出去游逛，**以免**遇到意想不到的伤害。
2. 这件事儿你最好跟他解释清楚，**以免**他误会。
3. 他们希望在自己家附近也开一家这样的商场，**以免**远途奔波之苦。

【免得】

4. 到时候你给我提个醒，**免得**我忘了。
5. 我在应该停顿的地方作了记号，也**免得**念错了。
6. 我们不断变着花样充实生活，**免得**枯燥乏味。

【省得】

7. 我真想跟这位小姐结婚算了，**省得**我妈老说我不结婚。
8. 打个车去算了，花钱不多，又**省得**挤公交车了。
9. 你就住在我这儿吧，这样不就**省得**你来回跑了吗？

10. 我说:"你学裁缝太好了,以后我的衣服都找你做,**省得**买了。"

1. "以免""免得""省得"是什么词?
2. 它们共同具有的语义是什么?
3. 它们后面的接续有什么相同点?
4. 它们出现在句子的什么位置?
5. 它们有没有语体的区别?
6. 它们有没有语气轻重的区别?
7. "读一读"例句中的"以免""免得""省得"能不能互换?

一、填空:

1. 这种病人应避免着凉,_____病情加重。
2. 咱们别大声讲话,_____打扰人家。
3. 有夜市就方便多了,我可以每天夜里来吃你的馄饨(húntún wonton),就_____晚上做饭了。
4. 咱们去陪陪阿芳吧,也_____她冷清。
5. 最好你自己提出辞职,也_____被辞掉,难为情。
6. 出去散散心也好,也_____憋闷(biēmen feel oppressed)出病来!

二、判断正误:

1. 何必要去外地打工,在家里不一样挣钱吗?又以免一人在外孤独寂寞的。（　　）
2. 每天来回跑太辛苦了,你干脆在公司附近租一套房子吧,也省得你再受这个罪了。（　　）
3. 我在北京去陌生的地方喜欢打车,花销不多,又省得问路、挤公交车了。（　　）

4. 据了解,有些学校为了提高升学率,迫使学习差的学生转学,省得影响学校的总成绩。（　　）
5. 行人一定要自觉遵守交通规则,注意避让来往车辆,以免发生意外。（　　）

选择"以免""免得""省得"用下列短语造句：
～着凉、～过分疲劳、～别人议论、～父母担心、～寂寞、～发生意外、～麻烦别人

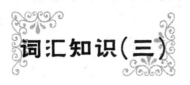

词义和语素义

一、什么是词义

词义就是词的意义,可以分为两种:即词汇意义和语法意义。

一般地说,词汇意义就是概念,是对客观事物的反映。例如"自行车"这个词,其词汇意义是"一种两轮的路上交通工具,骑在上面用脚蹬着前进"。

语法意义是指由一定的语法形式所表现的比较抽象的意义。比如"吃饭"表示一种行为,"吃了饭"的"了"表示动作行为已经结束,"吃着饭"的"着"表示动作行为正在进行。"行为""动作行为已经结束""动作行为正在进行"等等意义,都是语法意义。

词义是对客观事物现象的反映,包含着人们对客观事物各种特点的认识,具有客观性、概括性。

为什么说词义还包括语法意义呢?我们知道,词不等于语言,某种语言的词必须按照那种语言特有的语法规则组合成句子,才能表达一定的意思,人们才能交流。比如,如果只说"天"这一个词,如果没有具体的语言环境,人们就难以明白要说的是什么意思。如果说"天冷极了",这是按照汉语的语法规则组成的句子,因此才具有可理解的性质。词要在句子当中,才具有一定的语法意义。

分别词的词汇意义和语法意义是很有必要的。有些语言错误,不是词汇

意义用错,而是语法意义用错。如:

这件衣服合适你。

句子中的"合适"用错了,因为"合适"是形容词,不能带宾语,应该换成动词"适合"。

词的内容和形式可以简单概括如下表:

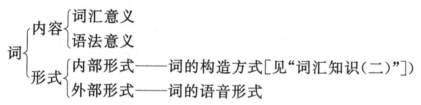

二、词的附属义

词除了有意义外,有时还带有某种附属色彩,也就是词的附属义。其中最重要的是感情色彩和语体色彩。

1. 感情色彩

感情色彩是指词义所附带的表示褒贬态度的色彩。词的感情色彩同词的意义关系密切,词义对客观事物有肯定评价的,一般有褒扬的感情色彩。如:

英雄　勇士　珍宝　秀美　魁梧　英勇　壮丽　优美　雅致　珍贵

词义对客观事物有否定评价的,一般有贬斥的感情色彩。如:

奸贼　赌徒　废物　长舌妇　丑陋　凶狠　阴险　平庸　粗糙　笨重

大部分词的词义是客观事物的反映,无所谓肯定或否定的评价,也就没有感情色彩,或者说感情色彩是中性的,如:

人　牛　山　河　取　送　竞争　运动　社会　宇宙

2. 语体色彩

语体色彩指的是有些词只适用于某一种交际范围、场合、文体当中,而不适用于另外的交际范围、场合、文体当中。书面色彩和口语色彩是两种最主要的语体色彩。带有书面色彩的词适用于书面写作;带有口语色彩的词用于日常谈话,也大量出现在文艺写作中。但大多数的词是通用于书面语和口语的。下面是一些词义基本相同而语体色彩明显不同的词：

书面语	通用	口语
沉湎	迷恋	着迷
迁怒	出气	撒气
致歉	道歉	赔不是
嘲讽	讽刺	挖苦
洗涤	洗	
	乱说	瞎扯

三、语素义

语素是音义结合的最小单位，分为不成词语素和成词语素，两类语素的意义是不相同的。

不成词语素本身不能成为词，只能同别的语素结合起来，组成合成词或固定结构（如成语）。不成词语素的意义，只存在于构成的合成词或固定结构中。语素的这种意义就叫做语素义。也就是说，语素义指存在于语素构成的合成词或固定结构中的语素的意义。例如"睛"有"眼珠"义，这个意义存在于合成词"眼睛"和成语"画龙点睛""目不转睛"等之中。

成词语素的意义有两种情况。一种情况是，它的某个意义既是词义，又是语素义。例如"空"是成词语素，它的"不包含什么，里面没有东西或没有内容"的意义，既是词义又是语素义。"空"的语音形式 kōng 联系这个意义时，既可以作为词来运用（如"空箱子""空着手"）又可以存在于"空"所构成的合成词"空洞""空泛""空虚"和成语"万人空巷""十室九空""坐吃山空"等之中。

另一种情况是，成词语素的有些意义只是语素义。如"空"还有"天空"的意思，这个意思只是语素义。因为这个意义的"空"不能作为词来运用，它只能存在于"空"所构成的合成词"高空""领空""太空""空降"和成语"空中楼阁"等之中。

四、词义和语素义的关系

要准确确定一个词的意义，一般要综合考察它表示的概念内容，它同别的词的结合情况,以及它能充当什么句子成分等情况。但词义同构成它的语素义也有一定的联系,因此分析语素义对确定词义也有相当的作用。

单纯词,词义就是语素义;而合成词的词义和语素义的关系就复杂多了。下面是词义和构成它的语素义之间常见的几种关系:

1. 语素义直接完全表示词义

一种是词义等于语素义的直接结合。如

师生	老师和学生
降价	降低价格
朗读	清晰响亮地念出来
体温	身体的温度

一种是两个语素意义相同,组成的词的词义与语素的意义一样。如:

关闭	关
离别	分离
繁荣	昌盛、兴盛
广阔	宽阔
挑选	选择
疼痛	疼

2. 词义是语素义的借代或比喻用法

词义是语素义借代用法的,如:

白领	白色的衣领,指从事脑力劳动的职员
谈吐	指谈话时的措辞和态度
铁窗	安上铁栅的窗户,指监狱
闭幕	关闭台上的幕,指会议或展览会等结束

词义是语素义比喻用法的,如:

风雨	风和雨,比喻艰难困苦
铁饭碗	铁的饭碗,比喻非常稳定的职业
死胡同	走不通的胡同,比喻绝路
大锅饭	供大多数人吃的普通饭食,比喻计划经济体制下的分配制度

3. 语素义部分地反映了词义的内容

人们用合成词来反映客观事物现象时,往往只能用语素反映出其中的某一些特征。汉语中这类词非常多,如:

带鱼　　像带子的一种鱼。反映了它的一种外貌特征,除此之外它还有身体侧扁,身体呈银白色,全身光滑无鳞等特征。

方便面　　很方便的一种面条,反映了这种面条的一种特点,除此之外还有烘干的熟面条,用开水冲泡,加上调料就可以吃等特点。

红包　　红色的纸包,反映了它的外部特征,另外它的里面要包着钱,用于馈赠或奖励。

毒品　　有毒的物品,反映了它的一种性质,另外还有作为嗜好用的,特指鸦片、吗啡、海洛因等。

4. 合成词中的部分语素失去了原义

船只　　船(总称),"只"原有的语素义在这里没有表现出来

白菜　　"白"的语素义失落了

忘记　　"记"在这里没有意义,失落了原有的语素义

人物　　"物"原有的语素义失落了

汉语中还有一种词,构成词的所有语素义都不显示词义,有两种情况:

一是语素的现有意义同词义之间看不出有什么联系,这些词性质已经接近单纯词。如:

东西　　泛指各种具体的或抽象的事物

二百五　　指有些傻气、做事莽撞的人

大方　　不客气或举止自然,或样子不俗气

二是一些音译的外来词,如:

巧克力

沙发

迪斯科

坦克

合成词中有些语素义模糊或看不出构成成分同词义的联系,原因有很

多,主要是汉语的词来源复杂,加上流传中语音的变异和汉字书写形式的变化,因此不容易弄清它的构成成分的原意。

　　根据《现代汉语》(北京大学中文系现代汉语教研室编)、《实用现代汉语语法》(刘月华等著)、《汉语知识讲话》(洪笃仁著)改写。

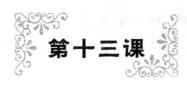

故意　　有意

填空:

1. 我们的一些厂家,_____给自己的产品起个外国名字,让人以为是外国牌子。
2. 当时她22岁,怕招聘方嫌她太年轻,_____穿得很老气。
3. 生活里有这样的事,也许并不是_____地,就把别人伤害了。
4. 一年多前有人探问她是否_____结婚,她答得很干脆:"我不想谈这事儿,我才22岁。"

例:

【故意】

1. 我怕她瞧不起,**故意**把自己的年龄说大,我说今年二十五岁啦。
2. 她还**故意**提一些难以回答的问题,让老师为难。
3. 他心里清楚地知道一切,却**故意**装出不知道的样子。

【有意】

4. 教师为使课堂秩序安静,就**有意**安排一个男生同一个女生同桌。

5. 为了让大家听清楚,老师**有意**提高了声音。

6. 我**有意**帮他,不过他好像会拒绝我的帮助。

7. 你要是**有意**来,就干脆告诉我。

8. 我早知道赵蕾对张强**有意**。

9. 这封信说明他对我**有意**。

想一想

1. "故意""有意"是什么词?

2. 它们共同具有的语义是什么?语义重点有什么不同?

3. "读一读"例句中的"故意""有意"能不能互换?

一、填空:

1. 老师考虑到为鼓励学生,曾_____做错了一道题,让学生发现错误。

2. 如果你_____,我介绍你们见面,你们自己面对面谈谈好吗?

3. 国家有关部门对那些_____损坏人民币的行为要及时制止。

4. 我给她买的衣裳,她一件也不穿,她是_____要跟我拉开距离。

5. 我们公司_____与东方电视台合作。

6. 女人在结婚前总要_____提出不合理的要求,让你为难,那是看你是不是真心爱她。

二、判断正误:

1. 我捧起一本书看,故意不注意他,怕他不自在。　　　　　　　(　　)

2. 我想看他的脸,他总有意无意低着头。　　　　　　　　　　　(　　)

3. 中国旅游贸易中心在全国范围诚聘导游,薪金、待遇从优,有意者请与

我中心联络。（　　）

4. 小学生刚入学经常会违反课堂纪律，但他们往往不是故意的，而是不能控制自己。（　　）

5. 我故意记录普通人的经历，因为只有小百姓的生活才是生活本质的真实。（　　）

说一说

一、朗读下列词组：

故意 ● ～破坏、～撒谎、～为难、～捣乱、～逃避、～制造矛盾、～夸大事实、～不理不睬、～制造紧张空气

有意 ● ～安排、～开玩笑、～放松、～表扬他、～回避这件事、～提高声音、～说给别人听、～不提这件事、～拖延、～掩饰、～放慢了脚步

● ～请他吃饭、～跟他闲谈、～来安慰我、～培养他、～向她求婚、～与中方合作、～申办奥运会

● 对她～

二、把下面的词组扩展成句子：

1. 故意为难：_____。
2. 故意撒谎：_____。
3. 有意安排：_____。
4. 有意请他吃饭：_____。

三、选择"一"中的词组造句：

轻易　　随便

填空：

1. 他嘱咐我："不要_____相信人，社会复杂。"
2. 北京301医院不是一般的医院，平时_____不让外人探视。
3. 你什么都忍不住，这么_____地就把这些告诉了她。
4. 我回到宿舍，_____弄了点东西吃，然后坐下看电视。
5. 她对我说话很_____，态度很亲热。

例：

【轻易】

1. 他这个人的特点，是从不**轻易**决定，也不**轻易**改变。
2. 这些钱不能**轻易**动，以后年纪大了，用钱的地方多着呢。
3. 他晚年的时候已经**轻易**不再接受采访。
4. 他虽然有点高傲，有点倔(juè surly)，可是**轻易**不发脾气。
5. 我们比较**轻易**地完成了任务，回到了学校。
6. 问题这么复杂，哪能**轻易**地得出结论呢！

【随便】

7. 大家见他很随和，也就**随便**聊起来。
8. "你这学上得也太**随便**了，想不去就不去，考试你能过关么？"
9. 他这个人很**随便**，你不要跟他计较。

10. 他**随便**的衣着和举止,让很多人看不惯。

11. 给你们中文系的大学生们讲课,可不是**随随便便**的事。

1. "轻易""随便"是什么词?
2. 它们共同具有的语义是什么?有什么不同?
3. 它们多出现在什么样的句子中?
4. 它们的语法功能有什么不同?
5. "读一读"例句中的"轻易""随便"能不能互换?

一、填空:

1. 听音乐,看录像,抽烟,喝茶,打麻将,_____玩。
2. 我们都有这样的体会,那就是他从不_____讲话。
3. 谁都不知道他叫什么名字,别人_____叫他什么名字他都会答应。
4. 他东瞧瞧西看看,在集市上遛达(liūda go for a walk)着,_____不开口问价。
5. 他太不起眼了:个子不高,长相平常,衣着_____。

二、判断正误:

1. 你怎么能把这样的秘密随便告诉一个女人? ( )
2. 她很少流露自己的感情,甚至不轻易流露对孩子的爱。 ( )
3. 乡下群众随便不进城,看戏的机会少。 ( )
4. 他们都叫我"大姐",这样的称呼很轻易,很自然。 ( )
5. 我觉得恋爱不是可以轻易地开始和结束的。 ( )

一、朗读下列词组：

轻易 ● ～完成了任务、～夺得了冠军、～跑完了全程、～放过、～就得到满足、～地送给别人、～知足

● 不～相信、不～开口、不～发表议论、不～表态、不～告诉别人、不要～下结论、不要～改变

● ～不接受采访、～不说话、～不笑、～不赞扬、～不哭

随便 ● ～坐、～聊、大家～一些、不要～浪费、～进出、不要～丢弃杂物、自行车不准～停放、衣着～

● ～发表意见、不～批评别人、～乱说、～答应、～同意

二、选择上面的词组造句：

顺手　　顺便

填空：

1. 他上任后，感到工作很不_____，尽管他工作非常认真负责。
2. 他坚持要送她回家，_____认认门。
3. 他进了屋看见有台电视，_____就打开了。

4.他说他到医院检查工作,_____看看我好些没有。

5.什么时候请我上你们家玩,我也_____认识认识你家里的人。

6.他说他家里没人喝酒,今天出门办事,路过这里,_____就带来了。

例:

【顺手】

1.打扫完了院子,**顺手**把屋子也打扫一下吧。

2.早市上的大爷大妈,买好菜,**顺手**带上一把鲜花回家。

3.他走进房间,**顺手**关上了房门。

4.我近来写小说挺不**顺手**。

5.这支笔我用着很**顺手**。

【顺便】

6.我上商场买东西,**顺便**上旧书店看看。

7.每天下了班,她骑车回家,**顺便**在路上买点菜。

8.今天出来办事,**顺便**来看看你。

1."顺手""顺便"是什么词?

2.它们共同具有的语义是什么?有什么不同?

3."读一读"例句中的"顺手""顺便"能不能互换?

一、填空:

1.他在桌上没找到钢笔,就_____拉开抽屉找了一遍。

2.小王只是觉得累,回家来休息休息,_____看看父母。

3. 中国队今天打得比较_____。
4. 他跟老伴从老朋友家串门回来,_____逛逛街。
5. 她坐下来的时候_____把包放在了旁边的座位上。

二、判断正误：

1. 他说着话,发现了我放在窗台上的书,顺便拿起来翻阅。　　（　）
2. 他去年到广东开会,顺便回到海南岛探望了已经阔别31年的故乡。
　　　　　　　　　　　　　　　　　　　　　　　　　　　　（　）
3. 今天是弟弟的生日,妈妈给他买了一套新衣服,也顺便给我买了一件连衣裙。　　　　　　　　　　　　　　　　　　　　　　　（　）
4. 看完医生回家的路上她们顺手去了趟公司。　　　　　　　（　）
5. 她把写着我地址的纸条装进了她的小提包,顺手拿出一个礼品盒送给了我。　　　　　　　　　　　　　　　　　　　　　　　　（　）

说一说

一、朗读下列词组：

顺手 ● 很～、不太～、十分～

● ～关上门、～拿起来、～放在桌上、～打开电视、～扶了他一下、～打开窗帘

● ～买点东西、～把垃圾带下去、～把灯也擦一擦、～把书整理一下

顺便 ● ～看看朋友、～买点儿菜、～逛逛街、～问一句、～打听一下、～给父母买件礼物

二、选择上面的词组造句：

眼看　马上　立刻

填空：

1. 时间过得好快，_____一个小时快过去了。
2. _____他的病越来越严重，可所有的药都没有什么作用。
3. 他想_____回国找工作。
4. 我刚介绍完自己，他_____就把所有的情况都告诉了我。

例：

【眼看】

1. **眼看**又快到春节了，我开始积极准备回家探亲。
2. 他**眼看**就要大学毕业了。
3. 女儿**眼看**快要三十了，还没有男朋友，当妈的天天着急。
4. 下车后，**眼看**着雨越下越大，只好先在车站避一避雨。
5. **眼看**火车进站，慢慢地停了下来，乘客从车厢里陆续走了出来。
6. 他说："我们不能**眼看**着他去死，应该想个办法救他。"
7. 我们不能**眼看**着孩子走上邪路(xiélù evil ways)。

【马上】

8. 我看见他进来，**马上**放下笔，站了起来。
9. 母亲给我送了一杯茶进来，转了个身，却不**马上**离开，想坐下跟我聊聊。
10. 他放下电话，说了句"我要**马上**回去一趟！"然后就走了。

11. 农村政策一变,他们的生活水平**马上**就会降低。
12. 你**马上**收拾一下,下午就回上海。
13. 黑夜**马上**就要过去了,明天的太阳也**马上**就要升起。
14. 我们**马上**就要毕业了。
15. 你**马上**走!

【立刻】

16. 老师一走进教室,大家**立刻**安静了下来。
17. 请大家**立刻**到操场集合。
18. 他一下飞机,就**立刻**给家里打电话。
19. 你当时为什么不**立刻**报警?
20. 他一走出来,雨水**立刻**淋湿了他的全身。

1. "眼看""马上""立刻"是什么词?
2. 它们共同具有的语义是什么?
3. "眼看"能不能用在过去时间的句子中?"马上""立刻"呢?
4. "眼看"有没有否定形式?"马上""立刻"呢?
5. "眼看"能不能用在祈使句中,"马上""立刻"呢?
6. "读一读"例句中的"眼看""马上""立刻"能不能互换?

一、填空:

1. 机器还在运转,又没有人照看,_____要出事故。
2. 我儿子_____小学就要毕业了。
3. 我们必须_____出发,不然就来不及了。
4. 我不能_____同事们被辞退而我留下呀!
5. 爸爸妈妈让我_____结婚,建立一个幸福的小家庭。

6.＿＿＿＿厂子一天不如一天，一年不如一年，她的心渐渐凉了。

7.＿＿＿＿开会的时间＿＿＿＿就到，主宾席仍然空无一人。

8.他一闻到这种辣味，＿＿＿＿就打起喷嚏来。

二、判断正误：

1. 眼看列车到站，慢慢地停下来了，旅客们从车厢下来涌向站台的出口。（　）

2. 炒米这东西实在说不上有什么好吃，不过很方便，用开水一泡，眼看就可以吃。（　）

3. 孩子，跟我回家吧，我不能眼看着你再受这种罪啊！（　）

4. 小明洗了手，来到桌边儿，立刻拿起筷子来。（　）

5. 刚才接到电话，学校打来的，让我马上回去，有急事。（　）

6. 他刚一表演完，台下眼看就响起了一片掌声。（　）

说一说

一、朗读下列词组：

眼看 ● ～就要毕业、～就要发生、～快下班了、～天就要黑了、～情况紧急、～他们就要失学了、～就要开学了、～到期了、任务～就要完成了

● ～着孩子的病情好转、～他的病越来越重、～着胖起来了、～他进来了

● ～着不管、不能～着它死去、～着朋友被辞退了

马上 ● ～集合、～开会、我～就去、错了～改、～回来、～就放假了

● 下了班～就回家、一决定了～就告诉你们、放了假～就回国

立刻 ● ～出发、～就来、～采取措施、～赶回家、～打电话、～行动、～召开紧急会议

二、选择上面的词组造句：

本来　　原来

填空：

1. 小芳是小王_____的女朋友。
2. 他以为脸上流的是汗，_____是血。
3. 我们家_____就我一个孩子，哪来的哥哥呀？
4. 我们家_____就我一个孩子，后来父母又领养了一个妹妹。

例：

【原来】

1. 这条街道**原来**很窄。
2. 他**原来**是老师，后来去做生意了。
3. 你**原来**也是语言大学毕业的，咱们还是校友呢！
4. 我到处找你找不着，**原来**你在这儿呼呼儿睡大觉呢！快起来！
5. 我现在还住在**原来**的地方。

6. 由于天气的原因,他们改变了**原来**的计划。

【本来】

7. 他**本来**就不高,穿上这件衣服就更显得矮了。
8. 我**本来**以为自己的水平还可以,跟他一比,我才知道自己还差得远呢!
9. 这件事是你做得不对,**本来**就应该你去跟人家道歉。
10. **本来**,老家来人应该高兴,可是他们三天两头地来,都成了我的一种负担了。
11. 这件衣服**本来**的颜色是灰色的,现在已经快成白色的了。
12. 他的胡子很浓,只有刮了胡子,才能看到他脸上**本来**的肤色。

1. "原来""本来"是什么词?
2. 它们共同具有的语义是什么?有什么不同?
3. "读一读"例句中的"原来""本来"能不能互换?

一、填空:

1. 孩子长高了,_____的衣服都不能穿了。
2. _____他妈妈是中国人,难怪他汉语说得那么好。
3. 妻子生气地说:"结婚以前没看清你的_____面目,现在才看出你的真相!"
4. 老板说了,还是按照_____的计划进行。
5. 学习_____就不好,考试前又生了病,考试结果就更糟糕了。
6. 你_____就没必要去问他,他肯定不会同意的。
7. 我觉得我还是做_____的工作比较好。

二、判断正误:

1. 我本来想走的,这件事一发生,我倒走不了了。　　　(　　　)
2. 本来嘛,这么小的孩子,懂什么呀?你别跟孩子生气了!　(　　　)
3. 孩子过生日原来是高兴的事嘛,家长愿意多花点儿钱也可以理解。

　　　　　　　　　　　　　　　　　　　　　　　　(　　　)
4. 我说屋里怎么这么冷呢,原来开着窗户呢。　　　　(　　　)
5. 这座寺庙还保持着原来的风格。　　　　　　　　(　　　)
6. 本来李小明就是老李的儿子,难怪长得那么像呢!　(　　　)
7. 你的病还没好,本来就不应该出去。　　　　　　(　　　)
8. 她一头黑发本来①挺漂亮的,去年把头发染成了蓝色,别提多难看了。
   没想到,今年又把本来②的蓝色染成了红色,结果更难看了。

　　　　　　　　　　　　　　　(　　　)①　(　　　)②

一、朗读下列词组:

本来 ● ~的面目、~的颜色、~的相貌、~的肤色、~的性质、~的样子、
　　　~的性格、~的脾气

● ~不想去、~不知道、~身体不好、~就有病、~是老朋友、~关系
不错、~就是这样

● ~就是你不对、~该早一点儿起床、~该仔细一点儿、~就该好好
学习

原来 ● ~的名字、~的朋友、~的工作、~的房间、~的风格、~的计划、
　　　~的方法、~的情况

● ~是老师、~有六口人、~就放在这儿、~很不方便、~不住在这
儿、~学过汉语

● ~是你呀、~你是中国人呀、~问题并不复杂、~你们早就认识
了、~如此

二、选择上面的词组造句：

明　　明明　　分明

填空：

1. 他心直口快，爱憎_____。
2. 他的不满_____地写在他的脸上。
3. 他_____说过这样的话。
4. 他_____心里高兴去，极愿意去，却装出不高兴去的样子。
5. 你_____知道我不会喝酒，还逼着我干了好几杯。
6. 他_____知这样做不对，但也顾不了那么多了。

例：

【明】

1. 他的话就像毒品，**明**知有毒，但是听起来让我浑身舒服。
2. 学校的规定你应该很清楚，所以你是**明**知故犯。

【明明】

3.常听有的家长说自己年幼的孩子:"他**明明**知道不对,却总是要那样做。"

4.他哪来的哥哥呀?他**明明**是独生子嘛!

5.**明明**国家有规定,为什么就是不遵守呢?

【分明】

6.**分明**是我们来帮你们,怎么倒成了我们多事?

7.他**分明**没把我的要求当回事。

8.她**分明**地在生我的气,我跟她说话,她也不理我。

9.我看得**分明**,他暗暗吁了一大口气。

10.我只记得她说话非常快,标点符号不**分明**。

1."明""明明""分明"是什么词?

2.它们共同具有的语义是什么?有什么不同?

3.它们的语法功能?

4.它们有没有语体的区别?

5."读一读"例句中的"明明""分明"能不能互换?

一、填空:

1.小兰睁大了一双黑白_____的眼睛。

2.人家_____写着"优惠",并非"免费"呀!

3.他_____舍不得花钱去小食堂就餐,我多次叫他一起去,他从来不去。

4._____知道多数人熟悉简体字,为什么非用繁体字不可呢?

5.那些往事在他的脑海中变得_____起来。

6.这消息_____是真的,我却不信,不愿意接受这个事实。

7. 北京是温带季风性气候,一年四季_____。
8. 他这个人就是这种性格,_____知山有虎,偏向虎山行。

二、判断正误:

1. 我们见到的分明是一座小城镇,怎么说到农村了呢? （ ）
2. 他明明是在骂人,你怎么会听不出来呢? （ ）
3. 他们来村里,分明是给村里添麻烦呢。 （ ）
4. 小王明明住在西城,你偏偏到东城的胡同里乱找。 （ ）
5. 经常干体力活的人,肌肉的线条很有特点,也很明明。 （ ）
6. 这哪是开会呀,分明是在聊天。 （ ）
7. 那条路在黑夜里看得不太明明。 （ ）
8. 明知是骗人的东西,为什么还有那么多人愿意受骗呢? （ ）

一、朗读下列词组:

分明 ● 是非～、公私～、黑白～、奖罚～、爱憎～、界限～、四季～、节奏～、职责～

　　● 看得～、听得～

　　● ～看见、～听见、～说过、～想、～对了、～坏了、～是你错了、～是他说的、～是这么回事、～知道、～放在这儿了、～是在骗人、～住在这儿、～是真的、～已经通知了、～是小王的

　　● 很～、不～、要～

明明 ● ～看见、～听见、～说过、～想、～对了、～坏了、～是你错了、～是他说的、～是这么回事、～知道、～放在这儿了、～是在骗人、～住在这儿、～是真的、～已经通知了、～是小王的

明 ● ～知不对、～知故问、～知故犯

二、选择上面的词组造句：

正好　　恰好

填空：

1. 结婚那年,他_____三十岁。
2. 你来得_____,我正有个问题想问你。
3. 他演的那个角色_____跟他的性格吻合(wěnhé be identical),所以演起来非常自然。
4. 今年的体育锻炼日_____是12月1日,"12.1"与全民健身计划的"一二一启动工程"相呼应。

例：

【正好】

1. 那块木头,不长不短,**正好**一米。
2. 他小名叫八斤,他妈生下他以后,用秤一称,**正好**八斤。
3. 找人不如等人,你来得**正好**,我正要找你呢。
4. 我觉得这些**正好**,不用再加菜了。

5. 今天你来了,咱们**正好**开个会。

6. 这里昼夜温差很大,晚上气温下降以后,**正好**可以美美地睡上一觉。

【恰好】

7. 他走到公共汽车站边上时,**恰好**来了辆公共汽车。

8. 她坐在桌边的椅子上,**恰好**挡住了小张的路。

9. 他从小李门前经过,小李说的那句话**恰好**被他听到。

10. 她一抬头,**恰好**跟他的目光相遇。

想一想

1. "正好""恰好"是什么词?
2. 它们共同具有的语义是什么?有什么不同?
3. 它们的语法功能有什么不同?
4. "读一读"例句中的"正好""恰好"能不能互换?

练一练

一、填空:

1. 离开车还有三个小时呢,_____咱们上街转转。
2. 你一个人没有伴儿,他来了_____陪陪你。
3. 我们俩_____同岁,所以有许多共同的话题。
4. 他现在不在,_____我跟你说清楚。
5. 今天是中秋节,_____是妈妈的生日。

二、判断正误:

1. 这双鞋我穿着恰好。   (   )
2. 你姐夫值班去了,咱俩正好聊聊。   (   )
3. 有一位老师病了,正好趁此机会让我代课。   (   )
4. 张老师,你来得正好!我正想问您问题呢,快给我们讲讲吧! (   )

5. 雨天不能出去,恰好在家看书。　　　　　　　　　（　　）

朗读下列词组:

正好 ● ～十二点、～一个月、～一米、～100公里、～十斤
　　● 来得～、花开得～、出现得～、
　　● 时机～、粗细～、长短～、肥瘦～
　　● ～可以休息休息、～帮我复习复习、～在家看书、～问问你、～不用我给你送去了

恰好 ● ～来了一辆公交车、～他也在上海、～遇到他、～他也在场、～都在中国学习、～是星期天、～打到他的头

二、选择上面的词组造句:

照常　　照旧　　照样

填空:

1. 我们吵过架,也不往心里去,还_____来往,_____做朋友,彼此十分自然。
2. 我们明天七点见面吧,地点_____。
3. 她经常孤孤单单一人吃饭,而饭桌上_____摆着他的碗筷。

4. 她对记者说,在中国农村,男人能做到的,女人_____能做到。

例:

【照常】

1. 春节期间,工厂**照常**生产。
2. 这些运动员,节假日仍然像平时一样**照常**训练。
3. 课程表做了调整,作息时间**照常**。
4. 有些女同学公开表示对她的气愤。她不在乎,说笑**照常**。

【照旧】

5. 一切都跟往常一样,午饭后,他**照旧**躺到沙发上休息。
6. 女儿的成绩还是不好,老师的埋怨也**照旧**,我们不知道她心里想什么。
7. 新教材的编写体例可以**照旧**,但是内容要更加充实。
8. 吵完架,他们很快就会和好如初,一切**照旧**,从来不伤感情。

【照样】

9. 老爸,您不上班地球**照样**儿转!
10. 老师给我讲了半天,我还是**照样**不明白。
11. 妈妈觉得衣服破了,补一补,可以**照样**穿。
12. 我穿的这件衬衫是十几年前用二十块钱买的,穿着**照样**很舒服。

1. "照常""照旧""照样"是什么词?
2. 它们共同具有的语义是什么?有什么不同?"照常"的"常"、"照旧"的"旧"、"照样"的"样"是什么意思?
3. 它们的语法功能有什么不同?

4."读一读"例句中的"照常""照旧""照样"能不能互换?

练一练

一、填空:

1. 小工厂_____能生产出好产品。
2. 虽然换了新的领导,但是单位的一切_____。
3. 他感冒了,还是_____上班。
4. 他嘴上说要戒烟,但是实际上_____抽。
5. 美国不参加,世界妇女大会_____会在那里开。
6. 尽管发生了这两件事,一切都将_____进行,不会有任何改变。
7. 公司加班的时候往往干到凌晨一二点,第二天_____上班。
8. 男同志能办到的事,我们也能办到,男同志办不到的事我们_____能办到!

二、判断正误:

1. 警察就是不理他,照旧指挥来往的车辆。   (   )
2. 节假日期间商场照常营业。   (   )
3. 无论大家怎么反对,他照常坚持自己的观点。   (   )
4. 通过自学照旧可以考上大学。   (   )
5. 我们的假期经常因学校"照常上课"而缩短,今年暑假依然如故。
                                                  (   )
6. 就是你以后什么忙也帮不上我,我也照样会帮你忙的,我们不是好朋友吗?
                                                  (   )
7. 村干部换了一届又一届,可村民吃水难的问题依然照常。   (   )
8. 即便是碰到期末考试,我照样挤出时间去看电影。   (   )
9. 老人照旧和从前一样,谈天说地,道古论今,此前发生的事,一点也不提。
                                                  (   )

一、朗读下列词组：

照常 ● ～上课、～营业、～训练、～来往、～进行、～上班、～工作、～演出、～行驶

● 一切～、生活～

照旧 ● 午饭后～睡半个小时、每天～很晚才休息、～上课迟到、工资～不变

● 一切～、集合的地点～、习惯～、待遇～、情况～、方法～、模样～

照样 ● ～能学好汉语、～可以生活得很好、～能完成、成绩～很好、～失败了

二、选择上面的词组造句：

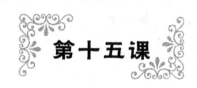

第十五课

便于　　以便

填空：

1. 为了_____学生理解,他举了很多例子。
2. 他结婚以后和父母住在一起,_____照顾他们。
3. 据说,酒喝得多,才_____增进感情,显出真诚,"感情深,一口闷"嘛。
4. 他急着赶到现场,了解情况,_____拿出解决问题的办法。

例：

【便于】

1. 为了**便于**说明,我们举几个例子看看。
2. 只有简洁的言语,学生才能很快掌握住内容要点,**便于**记忆。
3. 机器教学缺乏灵活性,**不便于**学习者深入地思考。

【以便】

4. 会场两边摆些桌子和椅子，**以便**交谈。

5. 他帮助那里的孩子们学习英语，**以便**他们更好地了解世界。

6. 他说得很慢，**以便**我能记录下来。

想一想

1. "便于""以便"是什么词？
2. 它们具有的共同语义是什么？有什么不同？
3. 它们一般用在前一分句还是后一分句？
4. 它们有没有否定形式？
5. 它们有没有语体的区别？
6. "读一读"例句中的"便于""以便"能不能互换？

练一练

一、填空：

1. 可能是为了_____骑车，他总是用带子扎着裤腿。

2. 在舞会上他喜欢和生人跳舞，_____结识更多的人。

3. 有的外国人学习汉语是为了_____同中国做生意。

4. 我们没带什么行李，这样也_____白天活动。

5. 我们办公室的这张世界地图还是老版本，不_____学习和工作。

6. 请大家写上姓名、地址、邮编、电话号码，_____日后联系。

7. 把这本书分为上下两册，也_____销售。

二、判断正误：

1. 我们需要一个安定的环境，以便进行改革和建设。　　（　　）

2. 为了以便操作，对违章处罚规定得非常具体、明确。　　（　　）

3. 他打算4月休假，以便当月17日庆贺自己的生日。　　（　　）

4. 他接送女儿不坐公共汽车，靠步行，以便沿途教她说话、识字。（　　）

5. 为了便于同中国学生交流，他报名参加了"中国语研究会"的学习。
（　　）

6. 有不少亲朋好友劝他再婚，以便在生活和事业上照顾他，但是他都摇头。
（　　）

说一说

一、朗读下列词组：

便于 ● ～计算、～管理、～交往、～接受、～携带、～记忆、～保存、～比较、～观察、～分析、～理解、～查找、～阅读、～修改、～使用
　　　● 不～、为了～

以便 ● ～互相照顾、～以后联系、～改进工作、～改正错误、～取得一个好的成绩

二、选择上面的词组造句：

不得不　　只好

填空：

1. 我怕帮不了你们多少忙，_____你们自己照顾自己了。
2. 老家人不满意，_____让他不满意，总比让老婆不满意要好。
3. 要说清楚石大爷这个人，就_____说到另外一些人。

4. 为了糊口,他_____到街头去为人画像。

例:

【只好】

1. 我还想说什么,但看到他生气了,**只好**不说了。
2. 如果你不同意,那**只好**我一个人干了。
3. 我们没有办法,**只好**尊重她们的意见。

【不得不】

4. 他一直不去医院,等他**不得不**住院治疗时,已经到了晚期。
5. 我**不得不**承认他说的有道理。
6. 一个月前,早晨起来突然感到不舒服,在妻子的催促之下,我才**不得不**去了医院。

1. "只好""不得不"哪个是词?哪个不是词?
2. 它们有什么共同的语义?有什么不同?
3. 它们的后面都可以接否定词吗?
4. "读一读"例句中的"只好""不得不"能不能互换?

一、填空:

1. 我_____承认老刘也算不上一个好人。
2. 他不能去,没有办法,_____我去拿东西。
3. 尽管心里不太欢迎这位客人,但人家已经来了,他也_____不情愿地迎了出去。

4. 他想倒酒,可是瓶里只淌出两滴,_____不喝了。
5. 这使我想到一位作家说的话:"作家是_____写作的人"。

二、判断正误:
1. 我一时也只好佩服她的口才。　　　　　　　　　　（　　）
2. 家里不明白的怪事儿多啦,想不明白,只好不想。　　（　　）
3. 为了不影响戴面罩,只好不戴帽子。　　　　　　　　（　　）
4. 因为新郎病重,新婚夫妇回巴黎的日子只好推迟到4月。（　　）
5. 我不得不佩服她的勤奋,在短短二十多天的旅途上,她竟写出了四十二篇短文。　　　　　　　　　　　　　　　　　　　（　　）

说一说

选择"不得不"或"只好",用下列结构造句:

～坐出租车回来了、～退学了、～我自己去一趟、今天～不去了、～相信、～面对这个问题、～推迟了、～让他参加了、～下次再来、～麻烦你了、～扶着他走、～用左手写、～跟别人借、～慢一点儿、～简单吃了一点儿、～在家休息、～大点儿声、～星期一再去

何必　　何苦

做一做

填空:
1. 谁也不是故意的,_____说个没完呢。
2. 你又上哪儿去喝酒了? 搞成这样,_____来着?
3. 我说:"你_____这么认真呢。"

4. 你们这是_____呢？花12万人民币到这里来受罪（shòuzuì endure hardships）。

例：

【何必】

1. 他说："一会儿有说话的时间，**何必**在电话里啰嗦。"
2. 我想派车去接他，他谢绝了。"**何必**呢，自己骑车不更自在吗？"
3. 都是老朋友了，**何必**客气！
4. 孩子大了，该怎么做他自己知道，**何必**咱们多嘴！

【何苦】

5. 记得去那儿之前，一些朋友都劝我：天那么热，路那么远，**何苦**来呢？
6. 我说："你哭得嗓子都哑了，这是**何苦**呢？"
7. 你打个电话来就行了，**何苦**自己跑一趟？
8. 明知道不行还要干，你这是**何苦**呢？

1. "何苦""何必"是什么词？
2. 它们的语义有什么不同？都用在什么样的句子中？
3. "读一读"例句中的"何苦""何必"能不能互换？

练一练

一、填空：

1. 开玩笑嘛，_____认真？
2. 大家都是老同学，_____这么客气！
3. 一些妇女不希望再有第二个孩子，"_____呢？多个孩子多受累呀！"

178

4. 我的肚子,随便什么都可以填满,_____要吃这么贵重的食品呢?

5. 如果不是他做的案,又_____来承担这个罪名呢?

二、判断正误:

1. 我说:"咱们感情好,何苦当着别人的面表现出来。"　　　(　　)
2. 他说:"玉龙,其实你也可以住在家里的,何必住在外边呢?"　(　　)
3. 白损失这一千多万,何苦来呢?　　　　　　　　　　　(　　)
4. 只是一次小的测试,你何苦紧张呢。　　　　　　　　　(　　)
5. 去年,她又辞职读研究生,她姐姐有点不理解,说照顾不了孩子,还少拿钱,何苦呢?　　　　　　　　　　　　　　　　　(　　)

说一说

选择"何必"、"何苦"完成下列句子:

1. 路又不远,走着去就行了,_____?
2. 要是你觉得他不合适就分手吧,_____?
3. 大家都是老同学,_____?
4. _____? 我自己来就可以了。
5. 现在学习这么紧张,再说你又不缺钱,_____?
6. 这个问题我们自己能解决,_____?
7. 现在坐地铁非常方便,_____?
8. 电影七点才开演呢,_____?

何况　况且　再说

填空：

1. "他不懂规矩，_____还是个孩子，就原谅了他这次吧。"
2. 他们一家到了香港生活怎么办？更_____他已经年近九旬，怎能再远走他乡？
3. 150 公里，谈何容易，健康人也要走上一两天，_____是饿了几天的人！
4. 这是她平生第一次打人，_____打的是自己的同胞妹妹，这让她非常痛心。

例：

【何况】

1. 小船是逆（nì contrary）水而上，**何况**又顶着风，因此走得非常慢。
2. 他太高兴了，第一次有了工作，**何况**又是那么理想的工作。
3. 我们大人还会犯这样那样的错误，更**何况**几岁、十几岁的孩子！
4. 学习母语都需要几年的时间，**何况**学习外语呢！

【况且】

5. 她劝我说："大姐，离开他！这样的老头子有什么可爱的？**况且**他家中还有妻子！"
6. 地铁跑得快，四十分钟就够了，**况且**地铁不像公共汽车那么挤，有时上车还有座位。

7. 天快黑了,**况且**还下着雨,明天再去他那儿吧。
8. 离火车开车还有一个小时呢,**况且**现在也不是交通高峰时间,保准误不了火车。

【再说】
9. 时间不早了,**再说**明天还有考试,你早点儿休息吧。
10. 北京那么大,**再说**你又没有他的地址和电话,怎么找他呀?
11. 爸,您是去外国,**再说**你又不懂英语,不让我陪着怎么行呀!
12. 你这个工作不错了,专业对口,工资又高,**再说**换工作是容易的事吗?你就安心在那儿干吧。

1. "何况""况且""再说"是什么词?
2. 它们共同具有的语义是什么?有什么不同?
3. 它们有没有语体的区别?
4. "读一读"例句中的"何况""况且""再说"能不能互换?

一、填空:
1. 对爸爸的话,李敏一向是尊重的,_____这涉及到自己的终身大事。
2. "按说你是大学生,应该知书达理,更_____你还是学法律的,不该知法犯法。"
3. 汽车颠簸(diānbǒ bump)得很厉害,坐着的人都感到不舒服,_____站着的人呢!
4. 她爱的不是我的钱,_____我也没有什么钱,她爱的是我的人品和才华。
5. 到南方过冬,对他的病有好处。_____他是一个南方人,饮食又喜欢南方口味,所以这几年冬天都在南方度过。

二、判断正误：
1. 北京都下雪了，况且哈尔滨呢！　　　　　　　　　　（　）
2. 几公里的山路小伙子都要走四五个小时，何况年近七旬的她呢。
　　　　　　　　　　　　　　　　　　　　　　　　　（　）
3. 他无论如何也不能让儿子失学！况且儿子十分好学，学习成绩回回名列学校第一。　　　　　　　　　　　　　　　　　　　（　）
4. 我是离过婚的男人，况且又比你大10多岁，我们之间是不可能的事。
　　　　　　　　　　　　　　　　　　　　　　　　　（　）
5. 零下18摄氏度，穿着厚厚的大衣都不一定暖和，再说跳进冰水之中！
　　　　　　　　　　　　　　　　　　　　　　　　　（　）

说一说

选择"何况""况且""再说"完成下列句子：
1. 这么大的石头，大力士都搬不动，＿＿＿＿＿＿＿＿＿＿＿＿＿＿！
2. 他身体不好，＿＿＿＿＿＿＿＿＿＿＿＿＿＿＿＿，受不了这种长途奔波。
3. 我连自行车都买不起，＿＿＿＿＿＿＿＿＿＿＿＿＿＿＿＿＿＿！
4. 广东话中国人也不一定能听懂，＿＿＿＿＿＿＿＿＿＿＿＿＿＿！
5. 这种事连想都不敢去想，＿＿＿＿＿＿＿＿＿＿＿＿＿＿＿＿！
6. 他在熟悉的人面前说话都紧张，＿＿＿＿＿＿＿＿＿＿＿＿＿＿！
7. 你去接他一下吧，他第一次来，＿＿＿＿＿＿＿＿＿＿＿＿＿＿。
8. 互相帮忙是应该的，＿＿＿＿＿＿＿＿＿＿＿＿＿＿＿＿＿＿＿。
9. 本来我一个人也能干完的，＿＿＿＿＿＿＿＿＿＿＿＿＿＿＿＿！
10. 这本书大学四年级的学生都不一定能读懂，＿＿＿＿＿＿＿＿！

第十六课

巴不得　　恨不得

填空：

1. 他_____狠狠揍自己一顿。
2. "你早把我忘到一边了，_____我这一走就别回来呢。"
3. 他天天忙得_____长出四只手来，这事你还烦他啊！
4. "今天这么多人都走了，你怎么一点不难过？倒像_____人家早走？"

例：

【巴不得】

1. 我真**巴不得**有人来帮帮我。
2. 他不来正好，我还**巴不得**他不来呢。
3. 我舍不得他们走，又**巴不得**他们走。
4. 这正是她**巴不得**我做出的决定。
5. 经理又改派小李出差了，小张正**巴不得**这样呢！

6. 能有幸跟几位作家座谈,这是他**巴不得**的事。

7. "爸爸,我想当医生。"

"好啊,我也**巴不得**呢。"

【恨不得】

8. 她后悔得**恨不得**一头撞死。

9. 我心里着急,**恨不得**一步就赶到家!

10. 寒假到了,我的心儿早已化作一只小鸟,**恨不得**早点飞回家乡去。

1. 它们共同具有的语义是什么?有什么不同?
2. 它们后面的接续有什么不同?
3. "读一读"例句中的"巴不得""恨不得"能不能互换?

一、填空:

1. 我_____能有机会到中国来学习。
2. 我怎么会不同意呢,这样的事我_____呢!
3. 他饿极了,拿起包子,_____一口吃下去。
4. 我也_____早点回去呢,出来十几天,我早就想家了!
5. 对朋友他真是_____把心都掏出来。
6. 你快去吧,她正_____你去给她帮忙呢!
7. 时间过得太快了,我_____让时间停下来。
8. 爷爷喜爱孙子,_____天天把他捧在手上,含在嘴里。

二、判断正误:

1. 小伙子来过几次,牛大姐很喜欢他,恨不得把自己的女儿嫁给他。

( )

2. 我见了这种不讲理的人，真恨不得跟他吵一顿。（　）
3. 我巴不得有个地洞能让我钻进去，躲开这一切。（　）
4. 她巴不得人们快一点忘记关于她的事。（　）
5. "他们巴不得我调走，我就是偏不走。"（　）
6. 我真巴不得这条路没完没了，一直走下去，几万里，几十年。（　）
7. 老师好像巴不得我们早点滚蛋似的，暑假作业也没留就放假了。
　　　　　　　　　　　　　　　　　　　　　　　　　（　）
8. 他们听说北京有家医院能治他们孩子的病，夫妻俩恨不得马上把孩子送到医院。（　）

一、朗读下列小句：

巴不得 ● ～有人来帮帮我、～有机会出国、～别让我参加比赛、～妈妈不上班、～老师这么说、正～呢、这是他～的事

恨不得 ● ～马上结婚、～立刻见到他、～马上回到家、～一口吞下去、～多长两只手、～一头撞死、～插上翅膀飞回去、～找个地缝钻进去、对朋友～把心掏出来

二、选择上面的词组造句：

好(不)容易　　很难

填空：

1. 我_____才忍住，没有哭出来。
2. _____睡着了又被你吵醒了。
3. 认识到这一点很容易，但要做好_____。
4. 这项工作对每个孩子来说都_____。

例：

【好(不)容易】

1. 我**好不容易**买到了两张音乐会的票。
2. 在长沙车站，一家老小**好不容易**才挤上火车。
3. 我的眼圈一热，**好容易**才忍住了眼泪。

【很难】

4. 这个家务事儿，你**很难**分清是非黑白。
5. 我这人**很难**适应新的环境，一向**很难**。
6. 那些年，他的日子过得**很难**。

1. 它们具有的共同语义是什么？有什么不同？
2. 它们后面有没有常与之搭配的词语？

3. 它们的语法功能有什么不同?
4. "读一读"例句中的"好(不)容易""很难"能不能互换?

一、填空:

1. "那可是我_____攒的六千元钱!"
2. 你要跟他辩论,_____赢得了他。
3. 奶奶在生活极其困难的条件下收养了我,_____把我养大。
4. 22年前,高中毕业的欧阳明_____找到一所小学,当上了一名教师。
5. 在实践中,他们学到了平时在学校和书本上_____学到的东西。

二、判断正误:

1. 冯老师是大忙人,我很难才把他请来。　　　　　　　　(　　)
2. 我问她减肥的效果,她说:"我好容易减掉了两斤,前几天有客人来,一吃一笑,又长了两斤半。"　　　　　　　　(　　)
3. 时间一长,他感到:确实好不容易与这样的妻子共同生活下去。
   　　　　　　　　　　　　　　　　　　　　　　　　(　　)
4. 如果教师不了解自己的学生,就很难把工作做好。　　(　　)
5. 他一直觉得很难完全适应德国的生活,毕竟这是两个完全不同的民族。
   　　　　　　　　　　　　　　　　　　　　　　　　(　　)

一、朗读下列词组:

好(不)容易　●～找到他家、～考上了大学、～爬到了山顶、～才忍住、～挣来1万块钱、～找到了、～今天有时间、～打听到这所医院、～他才同意、～找到了工作、～说服他、～才睡着

很难　　　　●～想像、～分辨、～完成、～理解、～通过、～改变、～办到、

～相信、～适应、～提高、～明白、～吃到新鲜蔬菜、～解决这个问题、～沟通双方的感情、～说清楚、～准确无误地判断、～用一两句话说清楚、～将它们区别开来、

● 的确～、真的～、保持平衡～、做起来～、

二、选择上面的词组造句：

拿……来说　　对……来说　　在……看来

填空：

1. 最近这些年中国家用汽车发展迅速，＿＿＿北京＿＿＿＿＿＿，现在北京的私家车已经发展到360万辆，平均每四个人就有一辆汽车。
2. 找这样的一个男朋友，＿＿＿别人＿＿＿＿＿＿，我真是傻透了，可我就是看中他人老实了。
3. ＿＿＿我＿＿＿＿＿＿，酒吧和咖啡厅是非常陌生的地方。
4. 有人觉得当家庭主妇很舒服，其实是他们不了解。＿＿＿我＿＿＿＿＿＿吧，有了孩子以后我就辞了工作，每天除了做饭、接送孩子上学以外，无事可干，每天非常无聊。
5. ＿＿＿今天的许多人＿＿＿＿＿＿，一个女人要想在事业上取得成功，就必须以牺牲家庭幸福作为代价。
6. ＿＿＿四、五岁的小孩＿＿＿＿＿＿，"勇敢"就是"摔倒不哭"或"打针不哭"。

例:

【拿……来说】

1. 北京人很重视体育锻炼,**拿**老年人**来说**,每天早上,各处的公园里都能见到他们晨练的身影。
2. 搞什么工作都不容易,**拿**你们写小说的**来说**,把几十万字连成句子就不容易!
3. 很多年轻人不了解历史,**拿**我儿子**来说**,连"五四运动"发生在哪一年都不知道。
4. 她是一位非常优秀的学生,**拿**学习成绩**来说**,在全校都是数一数二的。

【对……来说】

5. 香烟,**对**我**来说**几乎和粮食同等重要。
6. **对**他**来说**,它不是一条狗,而是他身边的一个亲人。
7. 这样的天气起飞,**对**飞行员**来说**,是一次考验。
8. 三十岁,**对**一个共和国**来说**,那是太年轻了。而**对**一个姑娘**来说**,却有嫁不出去的危险。

【在……看来】

9. **在**她**看来**,孩子们学业有成,是她最大的财富。
10. 你觉得这样的眼睛很漂亮,可**在**我**看来**是大而无神,没有什么内容。
11. 在我们眼里,他是名人,而**在**他的家人**看来**,他是个普普通通、认真负责的医生。
12. 他的外貌**在**我们**看来**是最平常的、最普通的,可是**在**外国人**看来**,这却是典型的东方人的形象。

1. 这三个结构中,"拿""对""在"是什么词?
2. 这三个结构分别表示什么意思?
3. "读一读"中的这三个结构能不能互换?

一、填空:

1. 汉字_____日韩同学_____比较容易,_____欧美同学_____可能比较难。
2. ____我_____,考试分数并不重要,重要的是学习态度。
3. 春节_____中国人_____,是非常重要的传统节日。
4. 这个城市很注意环境保护,_____空气质量_____,一年有300多天达到良好。
5. 他们这种做法,_____我_____,是一种冒险行为。
6. 过年_____孩子_____是长了一岁,____上年纪的人_____则是少了一岁!
7. 我们老板特别天真,____我_____,简直就像一个孩子。
8. ____家长_____,学校办好了,孩子教好了,比什么都高兴。
9. 改革开放使中国人的生活发生了很大的变化,____我的家庭_____,有房有车有存款。

二、判断正误:

1. 他曾经生活了四十年的这座城市,现在对于他来说,已经很陌生了。
   (   )
2. 在有些人看来,汽车就是日常生活中的代步工具,是必不可少的。
   (   )

3. 每周一天的休息对我来说会比工作还沉重。（　）
4. 对你来说，今天我们说"男女平等"有什么新的含义？（　）
5. 最近几年来中国学习汉语的留学生越来越多，拿我们学校来说，去年是 1000 人，今年增加到了 1500 人。（　）

说一说

朗读下列词组：

拿……来说　●　～我～、～我们班～、～我们学校～、～这次考试～、～我的家庭～、～今年的情况～

对……来说　●　～我～、～中国人～、～老年人～、～年轻人～、～孩子～、～普通人～、～外国人～

在……看来　●　～我～、～你～、～大家～、～老师～、～同学们～、～家长们～

二、选择上面的词组造句：

在……上　在……中　在……下

填空：

1. 这些年我对不起你，我____感情____对你要求的多，____生活____对你关心的少。

2. 我不喜欢结婚,因为____现代社会____,婚姻更多的是一种束缚,而不是幸福的保障。

3. 他____品质____、____思想____都是值得我尊敬的。

4. ____父亲的鼓励____,他考取了北京大学。

5. 这一年多来,每一夜都____提心吊胆____度过。

6. 这种手术____世界____已经很普及,每年约有40万人接受这种手术。

例:

【在……上】

1. 沈先生**在**生活**上**极不讲究。

2. 我不是**在**钱**上**跟他生气。

3. 这个**在**法律**上**是有规定的。

4. **在**社会**上**办事,光靠嘴皮子怎么能行?

5. 中国经济今后将会**在**现有基础**上**取得更大发展。

6. 1991年以来,我国人口出生率**在**原有基础**上**进一步下降。

【在……中】

7. 我害怕**在**睡眠**中**突然死亡。

8. 他**在**昏迷状态**中**度过了两天的时间。

9. 夫妻双方**在**家庭生活**中**应该多互相理解

10. 这件事**在**众弟兄**中**引起不安和猜测。

11. **在**这一年**中**,母亲的双腿渐渐失去知觉。

12. 全家人理解了她**在**这一年**中**经受的风风雨雨。

【在……下】

13. 他**在**教练的帮助**下**,找到了最适合自己的技术。

14. 她**在**他的帮助**下**迅速适应了工作。

15. **在**公司的安排**下**,他到中国学习汉语。

16. **在**朋友们的耐心说服**下**,他又回来参加训练了。

17. **在**妈妈的再三追问**下**,她终于说出了实情。

18. **在**导游的带领**下**,大家爬上了最高的山峰。

1. "在……上""在……中""在……下"分别表示什么意思?
2. "读一读"例句中的"在……上""在……中""在……下"能互换吗?

一、填空:

1. ＿＿经济＿＿我要给予他最大的帮助。
2. ＿＿生活＿＿,最幸福的人也有他的苦恼。
3. ＿＿他的不断努力＿＿,汉语说得越来越好。
4. 他＿＿百忙＿＿来看望我,让我非常感动。
5. 他＿＿座谈会＿＿发表了深情的讲话。
6. 他们的爱情是＿＿工作＿＿建立起来的。
7. ＿＿对我们不利的情况＿＿,还是取得了比赛第一名的好成绩。
8. 我已经看明白了,＿＿感情＿＿,男人永远没有女人真诚!
9. ＿＿教练的指导＿＿,他的技术水平不断提高。

二、判断正误:

1. 整个下半年,我几乎都在病中。   (   )
2. 在这个问题上他们也从中国学到了许多东西。   (   )
3. 在演出实践中,我越演越好。   (   )
4. 在家里经济非常困难的情况下,他靠打工完成了学业。   (   )

5. 要教育两国年轻一代正确认识历史,在此基础下发展两国关系。
   (　　)

6. 在爱情中我是这么不幸,在事业中我要是再没有前途,我还有什么可希望的呢?
   (　　)

7. 用"兄弟"来命名公司,就是希望人们在社会交往上能真诚相处,四海之内,皆成兄弟。
   (　　)

一、朗读下列词组:

在……上 ● ~学习~、~生活~、~工作~、~事业~、~历史~、~世界~、~班~、~这个基础~

在……中 ● ~比赛~、~活动~、~实验~、~研究~、~游戏~、~教学~、~调查~、~回家途~、~日记~、~乐曲声~、~夜色~、~风雨~、~电话~、~匆忙~、~寂寞~

在……下 ● ~这种条件~、~这种情况~、~目前的情况~、~大家的帮助~、~老师的指导~、~大家的催促~、~公司的安排~、~自己的努力~

二、选择上面的词组造句:

词汇知识(四)

近义词的辨析

近义词的差别是各种各样的,我们一般可以从语义、语法和语用三个方面进行辨析。

一、从语义上进行辨析

从语义上辨析就是分析近义词的词义,比较它们表示的对象特征或适用对象的异同。

如:公布　　宣布

公布 ┌ 适用对象——政府机关
　　 │ 特　　征——通过书面形式
　　 │ 　　　　　 公开发布
　　 └ 关系对象——命令、决定、纪律、方案、情况
　　 　　　　　　 法律、宪法、账目等

宣布 ┌ 适用对象——某人
　　 │ 特　　征——通过口头方式
　　 │ 　　　　　 正式告诉
　　 └ 关系对象——命令、决定、纪律、方案、情况
　　 　　　　　　 开会、开始、结束、解散等

两个词的相同之处在于,都是"公开、正式发布"的行为。不同之处是适用对象不同,"公布"多是政府机关的行为,"宣布"多是某个个人的行为,当然有时这个个人可以是代表政府机关的;其次,它们的行为特征不同,"公布"多是通过书面的方式发布,而"宣布"是通过口头方式;第三,它们的关系对象有交叉。"命令、决定、纪律、方案、情况"等词跟"公布""宣布"搭配都可以,但"法律、宪法、账目"等一般只适用于"公布",而"开会、开始、结束、解散"等一般用"宣布"。

在分析近义词词义时,对其语素义的分析有一定的作用。比如"满足"和"满意",它们的构词差别在于一个有语素"足",一个有语素"意"。"意"的意思是心愿、愿望;"足"的意思是"足够、充足"。所以这两个词的意思可以解释为:

满意:符合自己的心愿、愿望。

满足:感到已经足够。

二、从语法上进行辨析

从语法上进行辨析就是从词的语法功能上进行分析,主要包括两个方面:

1. 词性不同。

如果近义词的词性不同,充当句子成分的能力就会有差异。比如:

"突然""忽然",都有"来得迅速而又出人意料"的意思,"突然"是形容词,所以可以作状语、定语、谓语、补语,如:"他突然哭了"(状语)、"突然的雷声把他惊醒了"(定语)、"这事太突然了"(谓语)、"这事儿来得太突然了"(补语);"忽然"是副词,只能做状语。

2. 搭配的词语不同。

比较近义词同其他词搭配的情况,要在不同的句法位置上进行比较。因为词的结合能力同词的语法性质有关,在同义词词性相同的条件下则和词义有很大的关系。通过这种搭配词语的比较,可以看出它们的不同。如:

保持　　　维持

		保持	维持
1) 比较所带的宾语	~健康	√	×
	~优势	√	×
	~冷静	√	×
	~警惕	√	×
	~传统	√	×
	~秩序	×	√
	~治安	×	√
	~现状	√	√
	~生活	×	√
2) 比较状语	一直~	√	√
	永远~	√	×
	继续~	√	√
	仍然~	√	√
	始终~	√	√
	只能~	×	√
	勉强~	×	√
	暂时~	×	√
	尽力~	√	√
3) 比较补语	~下去	√	√
	~到永远	√	×
	~得很好	√	√
	~住	√	×
	~不了	×	√
	~不好	×	√

通过比较可以发现，"保持"的对象往往是一种满意的状况、积极的行为或是希望长时间不变的现象。它的宾语常常是"健康""稳定""热情""自信"

等词语。也因为"保持"带有一种积极的色彩,所以常常说"永远保持""一直保持""始终保持""保持到永远""保持得很好"等。"维持"修饰的对象往往带有一种消极的色彩,其宾语常常是"秩序""生活""婚姻""现状"等,所以常常说"勉强维持""只能维持""暂时维持""维持不了""维持不好"等。

3. 充当的句子成分不同:

一般来说,语法性质相同的近义词都能充当同一句子成分,例如"常常""往往"都可以作状语,但是有些近义词词性虽然相同,充当句子成分的能力却并不相同,比如"充分"和"充足",都能充当定语,如"充分的理由""充足的人力",但"充分"还可以作状语,"充足"不能,如"充分发挥大家的力量"。如果近义词的词性不同,充当句子成分的能力就更会有差异了。比如"突然""忽然",都有"来得迅速而又出人意料"的意思,"突然"是形容词,所以可以作状语、定语、谓语、补语,"忽然"是副词,只能作状语。

这种对比可以显示词的语法特点,如所属的词类、语法功能等,也能显示词义特点。

三、从语用上进行辨析

从语用上进行辨析就是对近义词在具体使用中使用特点的分析。有些近义词意义相同,只是附属义不同,也就是词的感情色彩和语体色彩不同。比如"战士"(褒义),"大兵"(贬义);"教师"(褒义),"教书匠"(贬义);"父亲"(庄重的色彩),"爸爸"(亲切的色彩);"以免"(书面语),"省得"(口语);"况且"(书面语),"再说"(口语)。

一般来说,感情色彩中性的词,可以分别同感情色彩有褒贬的词构成近义词,如"结果—效果—成果"是一组同义词,"结果—后果—恶果"是另一组同义词,感情色彩完全对立的词,实际上词义也有对立的成分,如"成果"指好的结果,"恶果"指不好的结果,一般不构成近义词。

近义词的辨析是以词的义项为单位的。义项是词或语素在词典中的意义单位。如果近义词中有多义词,可能只有一个义项相近,其余的义项并不构成近义词。如:

本来：① 形 原来固有的

　　　② 副 表示在此以前

　　　③ 副 表示理应如此

原来：① 形 以前的

　　　② 副 以前某一个时期

　　　③ 副 表示发现了以前不知道的真实情况或者有所醒悟

比较可以知道，这两个词在第二个义项上近义，在第一个义项上有重合，第三个义项不构成近义。

根据《现代汉语》（北京大学现代汉语教研室编）改写

第一课

保 持   维 持

连线：

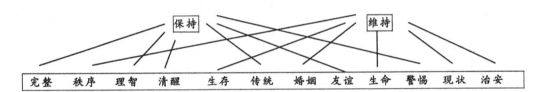

相同：1. 都是动词。

2. 都有"使某种状态继续存在,使其不消失或改变"的意思。

不同：语义侧重、搭配词语以及语义色彩有所不同。

"保持"有"保护住"的意思。因此,其对象往往是一种满意的状况、积极的行为或是希望长时间不变的现象。"保持"的宾语常常是"健康""稳定""热情""自信"等词语。也因为"保持"带有一种积极的色彩,所以常常说"永远保持""一直保持""始终保持"等。

"维持"是"维系住"的意思。它修饰的对象往往是最低的要求,或者是一段时间的状况。"维持"的宾语常常是"秩序""生活""婚姻""现状"等。因为"维持"带有一种消极的色彩,所以常常说"勉强维持""只能维持""暂时维持"等。

	词性	相同语义	语义侧重	词语搭配	词义色彩
保持	动词	都有事某种情况保持不变的意思	有"保护住"的意思，其对象往往是一种满意的状况、积极的行为或是希望长时间不变的现象	宾语：~热情 ~健康 ~自信 状语：一直~ 永远~ 始终~	带有一种积极的色彩
维持			有"维系住"的意思，它修饰的对象往往是最低的要求，或者是一段时间的状况。	宾语：~秩序 ~生活 ~婚姻 ~现状 状语：勉强~ 暂时~ 只能~	带有一种消极的色彩

一、填空：

1.维持 2.保持 3.维持 4.保持 5.维持

二、判断正误：

1.(√) 2.(✗) 3.(√) 4.(✗) 5.(√)

三、连线：

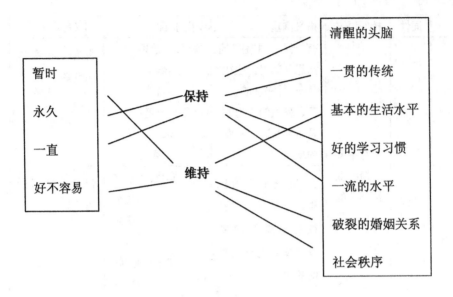

二、略 三、略

举行 举办

填空：
    1.举行 2.举办 3.举行 4.举办

相同：1.都是动词。
    2.都有"进行""办理"的意思。
不同：1.语义重点不同。"举行"的意思着重在"进行"，"举办"的意思着重在"办理"。有些搭配不能互换，如"举行仪式""举行开幕式""举行毕业典礼""举行谈判"等，其中的"举行"不能换成"举办"；"举办训练班""举办讲座"等，其中的"举办"不能换成"举行"。当然，有些活动既可以说"举行"，也可以说"举办"，如"举行婚礼""举办婚礼"，但意思不一样。"举行婚礼"是指这个活动得以实行或进行,如"教堂里正在举行婚礼";"举办婚礼"是指婚礼的准备、组织、安排等。

2. 跟"举行"搭配的宾语或主语可以是"婚礼""宴会""开幕式"等名词,如例1,也可以带"会谈""比赛""演出"等动词宾语,如例2;"举办"一般带名词宾语。

3. "举行"的主语可以是人、单位、组织,如例1、2,也可以是"举行"的受事,如例3。当主语是"举行"的受事时,举办的单位、组织或举办人一般不出现,但却比较强调举办的时间、地点和情况等等。

"举办"因为重点在"办理",所以离不开举办单位或举办者,在一般的记叙或说明句中,主语通常是表示举办单位、组织或举办者,如例4、5。当"举办"的受事提到动词前时,一般用介词"由"引入施事,如例6。

	词性	相同语义	不同语义
举行	动词	都有"进行""办理"的意思	意思着重在"实行""进行"。
举办	动词		意思着重在"办理"。

一、填空:

1. 举办 2. 举行 3. 举行 4. 举办 5. 举办

二、判断正误:

1.(×) 2.(√) 3.(×) 4.(√)

三、连线：

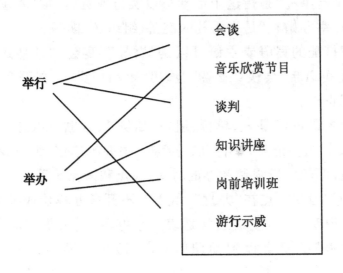

变　变化　改变

填空：

1. 变　2. 变　3. 变化　4. 变化　5. 改变　6. 改变、变化

相同：都表示事物现在与以前有了不同。

不同：1. "变"是动词；"变化"是名词、动词；"改变"是动词、名词。

2. "变"和"变化"多是指客观事物；"改变"更强调主观行为。

3. "变"和"改变"是及物动词，后面可带宾语；"变化"是不及物动词，后面一般不能带宾语。

4. "变"多用于口语，其后的宾语单音节词较多，如"变天""变色""变脸""变性""变心"等；"改变"多用于书面语，其后的宾语双音节词较多，如"改变习惯""改变看法""改变方向"等。

	词性	词义侧重	搭配不同	语体不同
变	动词	多指客观事物	及物动词,可以带宾语	宾语单音节词较多:~心、~脸、色、~天	用于口语较多
变化	动词 名词		不及物动词,不能带宾语	
改变	动词 名词	更强调主观行为	及物动词,可以带宾语	宾语双音节词较多:~习惯、~看法、~方向	多用于书面语

一、填空：
　　1.变化/改变　2.变、变　3.变化　4.改变　5.变/改变
二、判断正误：
　　1.(√)　2.(√)　3.(×)　4.(√)　5.(√)　6.(×)

善于　　擅长　　拿手

填空：
　　1.善于　2.擅长　3.拿手

相同:都有"在某一方面具有特长"的意思。

不同:1."善于""擅长"是动词；"拿手"是形容词。

　　2."善于"多用于抽象的方面,比如"思考"、"理解"、"分析"等等。

　　3."擅长"可以不带宾语,"善于"不能；"擅长"可以做定语,"善于"不能。

　　4."拿手"是形容词,不能带宾语,只能作定语或谓语。

	词性	相同语义	语义侧重	搭配
善于	动词	在某一方面具有特长	多用于抽象的方面	后面一般接双音节词,一般不带名词宾语
擅长	动词		多指具体的技艺	后面可以是双音节动词,也可以是双音节名词
拿手	形容词			不能带宾语

一、填空：
    1.善于　2.擅长　3.拿手　4.善于　5.善于

二、判断正误：
    1.(√)　2.(×)　3.(√)　4.(×)　5.(√)

第二课

帮　帮忙　帮助

填空：
    1.帮助　2.帮　3.帮助　4.帮　忙　5.帮　6.帮　忙

相同：都表示"给予援助,使其摆脱困难"的意思。

不同：1."帮"是动词；"帮忙"是离合词；"帮助"可以是动词,也可以是名词。

    2."帮"多指给别人的一些具体的帮助,如例1、2、3；"帮忙"只是在别人有困难的时候帮他做具体的事情,如例4、5、6；"帮助"可以是具体的帮助,如例7,也可以是精神上的帮助,如例8,并且在表示笼统的帮助的意思时,要用"帮助",如例9。

    3."帮"后可以加"着"；"帮助"后不能加"着"。

    4."帮"、"帮忙"多用于口语；"帮助"多用于书面语。

	词性	相同语义	语义侧重	搭配	语体
帮	动词	都表示"给予援助，使其摆脱困难"的意思	多指给别人的一些具体的帮助	~+着+v ~+人称+v	多用于口语
帮忙	离合词		只是在别人有困难的时候帮他做具体的事情	~+v 帮+人称的忙	
帮助	动词 名词		可以是具体的帮助，也可以是精神上的帮助。并且在表示笼统的帮助的意思时，要用"帮助"	后面一般不加"着"	多用于书面语

一、填空：

1. 帮（帮）忙　2. 帮忙/帮着　3. 帮助　4. 帮忙　5. 帮

二、判断正误：

1.（√）　2.（×）　3.（√）　4.（×）　5.（√）

二、略　三、略

抱怨　　埋怨

填空：

1. 抱怨　2. 埋怨　3. 抱怨　4. 埋怨

相同：1. 都是动词。

2. 都有"心有不满"的意思。

不同：1. "抱怨"语义重点在于对内心不满意的事发牢骚；"埋怨"的语义重点在于因为不满而指责、责怪。

2. "抱怨"的对象可以是事情，如例1、2、3,也可以是人（常常是别人），如例4;而"埋怨"因为有"指责""责怪"的意思,所以它的对象多为人(可以是别人,也可以是自己),如例5、6、7、8。

	词性	相同语义	语义重点	
抱怨	动词	都有"心有不满"的意思	对内心不满意的事发牢骚	"抱怨"的对象可以是事情,也可以是人(常常是别人)
埋怨			因为不满而指责、责怪	"埋怨"的对象多为人(可以是别人,也可以是自己)

一、填空:
 1.埋怨 2.埋怨 3.抱怨   4.埋怨   5.抱怨
二、判断正误:
 1.(√) 2.(√) 3.(×) 4.(×) 5.(√)

二、略 三、略

满意　　满足

填空:
 1.满意 2.满足 3.满意 4.满足

相同:1.都可以是心理动词。
　　2.都有"符合心意、心满意足"的意思。
不同:1."满意"的意思着重于符合心意;"满足"的意思着重于感到足够。
　　2."满意"表示的是主体对他人或某件事情的感受,是完全符合自己心愿的;"满足"是主体自身的感受,是对现有的情况、条件等已经知足,如例 5、6、7。

3. "满意"可以用作状语,如例 3;"满足"作状语的情况较少。

4. "满足"后面可以接由介词"于"构成的介词词组,如例 7;"满意"一般不能这样用。

5. "满足"还有动词的用法,是"让……满足"的意思,如例 8。与之搭配的常常是"要求、条件、需要、愿望"等等,也可以接补语,如"满足一下""满足一回"等。"满意"没有这种用法。

	词性	相同语义	语义重点	语法功能
满意	心理动词	都有"符合心意、心满意足"的意思	"符合心意"。是主体对他人或某件事情的感受,完全符合自己心愿	可以作状语、定语、谓语
满足	心理动词		"感到足够"。是主体自身的感受,是对现有的情况、条件等已经知足	作状语比较少,可以作定语、谓语
	动词		"让……满足"的意思	作谓语。宾语如"要求、条件、需要、愿望"等,还有"满足于"的用法

一、填空:

1.满意 满意 2.满足 3.满足 4.满意 5.满意 6.满足/满意 7.满足 8.满意/满足

二、找出错误的搭配:

1.(√) 2.(×) 3.(√) 4.(√) 5.(×) 6.(√)

二、略 三、略

面临　　面对

填空：
  1.面临　2.面临　3.面对　4.面对

相同：1.都是动词。
　　　2.都可以表示面前遇到(问题、形势等)。

不同：1."面临"后面的宾语一般是表示抽象事物的名词,如例1、2;"面对"后面的宾语可以是表示具体事物的名词,如例4;也可以是表示抽象事物的名词,如例5、6。

　　　2."面临"做谓语,后面一般要带宾语;"面对"后面可以不带宾语,如例5。

　　　3."面临"的宾语或中心语,经常是比较严重、紧急、危险或者可怕的事情;"面对"没有这种限制。

	词性	相同语义	搭配	
面临	动词	都可以表示面前遇到问题、形势等	宾语一般是表示抽象事物的名词	后面一般要带宾语	宾语或中心语,经常是比较严重、紧急、危险或者可怕的事情
面对			宾语可以是表示具体事物的名词,也可以是表示抽象事物的名词	后面可以不带宾语	

一、填空：
  1.面对　2.面临　3.面临　4.面对　5.面临 面临
二、判断正误：

1.(√)　2.(×)　3.(√)　4.(√)　5.(√)

二、略　三、略

知识参考：

临：《说文》"监也"。是从高处低头往下看。高高在上，向下俯视。这种居高临下的姿势让人联想到在上面监视下面的一切，所以"临"有"统治"的意思，从而引申为从位尊者到位卑者处也称做"临"，以此表示敬意，如"光临""莅临"。另外，从高处向下俯视都是临近边缘，所以"临"又有了"临近"的意思，如"临水""临河"，这个意义进一步引申可以构成"临街""临近"，还可以构成"临走""临时""临死"等。当临近的不是物而是事情时，"临"就有了"面对"的意思。而站在高处向下看，是有一些危险的，所以发展到现代汉语，它的宾语常常是"困难、危险、死亡、困境、压力"等等一些具有负面意义的词语。

对：《广雅·释诂四》"向也"。"对"的"向"义是由相互应答、两两相对的意思发展来的，所以侧重的是"面对"的意思。

第三课

接近　　靠近

填空：

1.接近　2.接近　3.靠近　4.靠近

相同：都有彼此距离很近的意思。

不同：1."接近"做动词时有两个意思：

① 临近，多指一种客观的状态，如例1、2。

② 亲近,是指人与人之间的对待关系,如例3。

"靠近"做动词也有两个意思:

① 向目标运动,距离缩小。多指一种主观的行为。这种距离可以指实际的距离,也可以是抽象的。如例5,是指大船与小船的实际距离。例6指抽象的距离。

② 实际的距离不太远。如例7、8。

2."接近"还可以做形容词,意思是"差距不大",多用于抽象意义,指在水平、观点、程度、特点、数量等方面差距不大,如例4。

	词性	相同语义	不同语义
接近	动词	都有彼此距离很近的意思	①临近,多指一种客观的状态 ②亲近,是指人与人之间的对待关系
	形容词		意思是"差距不大",多用于抽象意义,指在水平、观点、程度、特点、数量等方面差距不大
靠近	动词		①向目标运动,距离缩小。 ②实际的距离不太远

一、填空:

　　1.靠近　2.接近　3.靠近　4.接近　5.靠近　6.接近　7.靠近　8.接近

二、判断正误:

　　1.(×)　2.(√)　3.(×)　4.(√)　5.(√)　6.(√)

二、略　三、略

急忙　匆忙　连忙

填空:

　　1.急忙　2.连忙　3.急忙　4.连忙　5.匆忙

相同:都有动作很快的意思。

不同:1."匆忙"是形容词,"连忙""急忙"是副词。

  2."急忙"的意思是因为心里着急从而动作加快;"匆忙"偏重于对客观情况的描述。"连忙"只表示动作迅速,没有着急的意思,一般用于人事的应对和谦让。

  3."急忙"一般在动词前作状语,"匆忙"除了可以作状语外,还可以作补语、谓语、定语,如例 5、6、7。

  4."急忙""匆忙"都可以重叠成"AABB"的形式,即"急急忙忙""匆匆忙忙",用在动词前面作状语,如例 2、3、8;后面加"的",作谓语、补语、定语。如例 4、9、10。"连忙"不能重叠,一般只能作状语。

	词性	相同语义	不同语义		搭配和语法功能
匆忙	形容词	都有动作很快的意思	偏重于对客观情况的描述	匆匆忙忙	作状语、谓语、补语、定语
急忙	副词		因为心里着急而动作加快	急急忙忙	动词前面作状语
连忙			表示动作迅速,没有着急的意思,一般用于人事的应对和谦让		动词前面作状语

一、填空:

  1.匆忙 2.连忙 3.匆匆忙忙 4.急忙 5.连忙 6.急忙 7.匆忙

二、判断正误:

  1.(√) 2.(√) 3.(×) 4.(√) 5.(×) 6.(√) 7.(×)

二、略

左右　上下　前后

填空：

1. 左右、左右　2. 左右　3. 上下/左右　4. 左右/前后　5. 前后

相同：1. 都是名词。

2. 都可以表示概数。

不同：1. "左右"使用的范围最广，一般用在数量词后，表示比这一数量多或者少；"上下"表示概数时，多用来表示年龄、重量等，一般不用来表示时间；"前后"只能用来表示时间的概数。

2. 比较句中只能用"左右"，如例1，"上下"和"前后"一般不用在比较句中。

3. 表示时间的概数时，"前后"只能用在表示时间点的词语后面，表示比这一时间点稍早或稍晚的时间，如例8、9、10。"左右"表示时间的概数时，既可以用在表示时间点的词语后面，也可以用在表示时间段的词语后面，表示大概多长时间，如例2。

　　表示大概的时间点时，"前后"前面表示时间点的词可以是数词、名词、动词、小句等，"左右"只能用在表示时间点的数量词后面。如例10，就可以用"左右"代替，但8、9不能用"左右"。

词性	相同语义	用法				
		比较句中	年龄、重量等	表示时间段	表示时间点 数量词后	动词、名词后
左右	名词	都可以表示概数	√	√	√	√	×
上下			×	√	×	×	×
前后			×	×	×	√	√

一、填空：

　　1.左右　 2.上下/左右　 3.前后　 4.左右　 5.前后

二、判断正误：

　　1.(×)　 2.(√)　 3.(√)　 4.(×)　 5.(√)

二、略

先后　　前后

填空：

　　1.先后　 2.先后　 3.前后　 4.前后

相同:都可以表示一段时间内发生的事情。

不同:1."先后"是副词,"前后"是名词。

　　2."前后"指时间时有两个意思。一是指从开始到结束的一段时间,如例4、5、6;二是指比某一时间稍前或稍后的一段时间,如例7。
　　"先后"是指一段时间内发生事件的顺序。可以是指同一主语的不同动作,如例1、2,也可以是不同主语的同一动作,如例3。

　　3.在不指明发生顺序的句子中,"前后"、"先后"都可以,如例2、4。

4."先后"只修饰动词,很少修饰名词;"前后"没有这种限制。

5."前后"可以重叠为"前前后后",如例8、9。"先后"不能重叠。

	词性	相同语义	不同语义	用法	
先后	副词	都可以表示一段时间内发生的事情。在不指明发生顺序的句子中,"前后"、"先后"都可以	指一段时间内发生事件的顺序。可以是指同一主语的不同动作,也可以是不同主语的同一动作。	只修饰动词,很少修饰名词	
前后	名词		指时间时有两个意思。一是指从开始到结束的一段时间,二是指比某一时间稍前或稍后的一段时间。		前前后后

一、填空:
  1.前后　2.先后/前后　3.前后　4.先后/前后　5.先后

二、判断正误:
  1.(√)　2.(×)　3.(√)　4.(√)　5.(×)

二、略

第四课

暗暗　偷偷　悄悄

填空:
  1.暗暗　2.偷偷　3.偷偷　4.暗暗　5.悄悄　6.暗暗

相同:1.都是副词。

2.都有"不让人发觉"的意思。

不同:"暗暗"多侧重内心的活动或在隐蔽的状态下进行,它的后边也多是心理动词;"悄悄"是因为担心影响别人,而动作轻、声音小;"偷偷"多是害怕、担心被别人发现,所以动作行为常常是背着别人进行的。

"悄悄"可以修饰"话",组成"悄悄话"。

"悄悄"加"的"可以单说,"悄悄的。"

	词性	相同语义	不同语义	不同用法
暗暗	副词	都有"不让人发觉"的意思	侧重内心的活动或在隐蔽的状态下进行	"暗暗"后多是心理动词
悄悄			因为担心影响别人,而动作轻、声音小	悄悄话、悄悄的
偷偷			害怕、担心被别人发现,所以动作行为常常是背着别人进行的	

一、填空:

1.偷偷 2.暗暗 3.悄悄 4.偷偷 5.暗暗 6.悄悄 偷偷 悄悄

二、判断正误:

1.(√) 2.(√) 3.(×) 4.(×) 5.(√)

二、略

通常　平常

填空:

1.通常 2.平常 3.平常 4.通常

汉语近义词语辨析

相同:1.都可以做形容词。

2.都有"一般""普通"的意思。

不同:1."通常"的意思是指一般的、多数情况下的情形;"平常"的意思是普通,不特别。

2."通常"一般作状语、定语,如例1、2、3;"平常"一般可以作谓语、定语、补语、宾语如例4,5,6,7。

3."平常"可以重叠为"平平常常","通常"不能重叠;"平常"可以受程度副词修饰,如可以说"很平常","通常"不能。

4."平常"除了做形容词以外,还可以做名词,意思是"平时""平日"的意思(如例8、9)。

	词性	相同语义	不同语义	用法
通常	形容词	都有"一般""普通"的意思	指一般的、多数情况下的情形	一般作状语、定语
平常	形容词		意思是普通,不特别	一般可以作谓语、定语、补语、宾语	平平常常 很平常
	名词		"平时""平日"的意思	

一、填空:

1.通常/平常　2.平常　3.通常　4.平常　5.通常　平常

二、判断正误:

1.(×)　2.(√)　3.(×)　4.(√)　5.(√)

二、略　三、略

轻视   忽视

填空：
　　1.轻视、轻视　2.忽视　3.轻视　4.忽视

相同：1.都是动词。
　　　2.都有"不重视"的意思。
不同：1."轻视"多指主观上故意地不重视,有意地瞧不起;"忽视"多指无意地
　　　　忽略,因为疏忽而没有重视。
　　　2."轻视"的对象可以是人,也可以是事物;"忽视"的对象一般是事物。

	词性	相同语义	不同语义	用法
轻视	动词	都有"不重视"的意思	多指主观上故意地不重视,有意地瞧不起	对象可以是人,也可以是事物
忽视			多指无意地忽略,因为疏忽而没有重视	对象一般是事物

一、填空：
　　1.轻视　轻视　轻视　2.轻视/忽视　3.忽视　4.轻视　5.忽视
二、判断正误：
　　1.(√)　2.(√)　3.(×)　4.(√)　5.(×)

二、略

临时　暂时　一时

填空：
　　1.暂时　2.临时　3.一时　4.暂时　5.临时　6.临时/暂时

相同:都有"短时间内"的意思。

不同:1."临时"是形容词,有两个意思:一个是"临到事情发生的时候",如例2、3、4;再一个是"非正式的"的意思,如例1。"暂时""一时"没有这两个意思。

2."暂时"是形容词,意思是"短时间",它有时强调的是短时间内是这样,但是不会持续很长时间,很快就会改变。"临时""一时"没有这个意思。

3."一时"是时间名词。有以下几个意思:一个是表示行为在短时间内偶然地、突然地发生,如例9、10。第二个"一时……一时"结构中表示情况在短时间内交替变化,如例11。"临时""暂时"没有这两个意思。第三个意思是短时间,如例12。"暂时"虽然也有"短时间"的意思,但语义侧重有所不同。

4."临时""暂时""一时"可以用在祈使句中,如例4,6、8,14。但是由于"一时"的谓语部分的可控性比较弱,所以"一时"不能构成肯定祈使句,只能在少数情况下构成否定祈使句,而且"一时"一定在祈使域内,如例13。"临时""暂时"对谓语的可控性没有选择,所以"临时""暂时"可以用在肯定祈使句内,也可以用在否定祈使句内。

	词性	相同语义	不同语义	用在祈使句中
临时		都有"短时间内"的意思	1.临到事情发生的时候 2.非正式的	可以用在祈使句中
暂时	形容词		有时强调的是短时间内是这样,很快就会改变	
一时	时间名词		1.表示行为在短时间内偶然地、突然地发生。 2."一时……一时"结构中表示情况在短时间内交替变化 3.短时间	只能在少数情况下构成否定祈使句

一、填空：
1.临时 2.暂时 3.一时 4.临时 5.暂时 6.一时

二、判断正误：
1.(√) 2.(×) 3.(√) 4.(√) 5.(√) 6.(×) 7.(×) 8.(√) 9.(√)

二、略 三、略

第五课

一旦　　万一

1.一旦/万一 2.一旦 3.万一 4.万一

相同：都可以表示可能性极小的假设。
不同：1."一旦"做副词,表示不确定的时间,有两个意思：
①"要是有一天"的意思,多用于未然。如例1、2、3。假设的情况可

221

以是希望发生的事情,也可以是不希望发生的事情。如果是不希望发生的事情时,可以用"万一"代替。如例2、3可以换成"万一",但是语义不同。

②"忽然有一天"的意思,多用于已然。如例4、5。这种用法不能换成"万一"。

2."万一"做连词,表示可能性极小的一种假设,一般只用于不希望发生的事。

3."一旦"可以做名词,意思是"一天之间",引申为"很短的时间",但多用于固定结构中,如"毁于一旦""溃于一旦"等,如例6。

4."万一"也可以做名词,指可能性极小的不利情况,如例11。

	词性	相同语义	不同语义
一旦	副词	都可以表示可能性极小的假设	①"要是有一天"的意思,多用于未然
			②"忽然有一天"的意思,多用于已然。
	名词		"一天之间",引申为"很短的时间"
万一	连词		表示可能性极小的一种假设,一般只用于不希望发生的事
	名词		指可能性极小的不利情况

一、填空:
    1.一旦 2.万一 3.万一/一旦 4.一旦 5.万一、万一

二、判断正误:
    1.(√) 2.(√) 3.(√) 4.(√) 5.(×) 6.(×) 7.(√)

二、略

即使　尽管　虽然

填空：
　　1.即使　也　2.尽管　却　3.虽然　但/却

相同：1.都可以作连词。可以用在第一分句,也可以用在第二分句。
　　　2.都可以用在让步关系复句中,表示让步。
不同：1."即使"表示假设兼让步,它表示的情况一般是假设性的;"尽管""虽然"说的是一种事实。
　　　2."即使"的后面常常有"也""都""还"等词与之呼应;"尽管""虽然"的后面常常有"但是""可是""不过"等表示转折的词语与之搭配。
　　　3."尽管"还有副词的用法,表示没有条件限制,可以放心去做,如例5。"即使""虽然"没有这个用法。

	词性	相同语义	不同语义	搭配
即使	连词	都可以用在让步关系复句中,表示让步	表示假设兼让步,它表示的情况是假设性的	即使……也/都/还……
尽管			表示的情况是一种事实	虽然/尽管……但是/可是/不过……
虽然				
	副词		没有条件限制,可以放心去做	

练一练

一、用"即使……也""虽然/尽管……但是"、"尽管"填空：
　　1.即使　也　2.尽管　3.即使　也　4.虽然　但　5.即使　也
二、判断正误：
　　1.(×)　2.(×)　3.(√)　4.(√)　5.(√)

略

以至　甚至

填空：
　　1.以至/甚至　2.甚至　3.以至　4.甚至　5.以至/甚至　6.甚至

相同：1.都可以作连词。
　　　2.都可以表示程度的加深。
不同：1."以至"有时候也说"以至于"，有两个意思。
　　　　① 连接词或词组，表示在时间、数量、范围、程度等方面的延伸，有"直到"的意思。如例1表示在数量上的延伸，例2表示在时间上的延伸，这时可以用"甚至"代替，但意思略有不同，用"甚至"有强调突出的意思。
　　　　② 表示由上文所说的情况而产生的结果，如例3，可以是好的结果，也可以是不好的结果。这个意思时不能用"甚至"代替。
　　　2."甚至"主要是强调突出的事例。
　　　　① 副词。后面常跟"也""都"配合，如例4。
　　　　② 连词。
　　　　放在并列的名词、动词、形容词、介词短语、小句的最后一项之前，突出这一项，如例5。
　　　　用在第二个小句，第一个小句中常常用"不但""不仅"等词，如例6。

	词性	相同语义	不同语义	搭配
以至	连词	都可以表示程度的加深	①表示在时间、数量、范围、程度等方面的延伸 ②表示由上文所说的情况而产生的结果	
甚至			主要是强调突出的事例	不但/不仅…,甚至…
	副词			…甚至…也/都

一、填空:
   1.甚至 2.以至 3.甚至 4.以至 5.甚至

二、判断正误:
   1.(√) 2.(√) 3.(×) 4.(×) 5.(√)

略

除非 只有

填空:
   1.只有/除非 2.除非 3.除非 4.只有/除非

相同:1.都是连词。
     2.都表示某个条件是唯一的先决条件。

不同:1."只有"是从正面提出某个唯一的条件;"除非"是从反面提出,强调不能缺少某一个条件。"除非"的语气比"只有"更强。
     2."只有"多与"才"搭配使用;"除非"除了与"才"搭配以外,还可以与"否则""不然""要不然""要不"等搭配使用。
     3."除非"可以说成"除非是";"只有"不能。

4."除非"可以用在后一分句,如例8、9;"只有"一般只能用在前一分句。

	词性	共同语义	不同语义	用法		
除非	连词	表示某个条件是唯一的先决条件	从反面提出某个唯一的条件,强调不能缺少某一个条件。语气比"只有"强	~…,才… ~…,否则… ~…,不然…	除非是	可在前一分句,也可在后一分句
只有			从正面提出某个唯一的条件	~…,才…		只能用在前一分句

一、填空:
　　1.只有/除非　2.除非　3.除非　4.除非　5.只有/除非　6.只有/除非
二、判断正误:
　　1.(√)　2.(×)　3.(×)　4.(√)　5.(√)

略

第六课

从　自　自从

填空:
　　1.从　2.自　3.从　4.从　5.自从/从

相同:1. 都是介词。
　　 2. 都可以表示时间的起点。
不同:1. 表示时间起点时,"从"和"自"不受过去、现在、将来时间的限制,而"自从"只能表示过去时间的起点。
　　 2. "从""自"还可以表示空间、范围、发展变化的起点,如例2、3、4、8、9;"自从"没有这个意思。
　　 3. "从"可以表示经过的路线、场所,如例5。"自""自从"没有这个意思。
　　 4. "从"可以表示动作、行为或者判断的根据,如例6。"自""自从"没有这个意思。
　　 5. "自"构成的介词词组表示地点、来源时,可以放在一些动词后面做补语,如例10。这些动词可以是"寄、来、选、出、抄、录、摘、译、转引"等少数动词;"从""自从"不能这样用。
　　 6. "自从"常用在"自从……以后/之后/以来"的结构中;"从"有时用在"从……到……"结构中;"自"可以用在"自……至……"、"自……而……"结构中。
　　 7. "自""自从"多用于书面语,"从"多用于口语。

	词性	相同语义	不同语义		用法	语体
从	介词	都可以表示时间的起点	可以表示过去、现在、将来时间的起点	表示经过的路线、场所	从…到…	口语
				表示动作、行为或者判断的根据		
自			可以表示空间、范围、发展变化的起点		组成的介词词组可以放在一些动词后面作补语	自…至… 自…而…
自从			只表示过去时间的起点		自从……以后/之后/以来	书面语

一、填空：

1. 自 2. 从 3. 自从/从 4. 从 5. 从 6. 自 7. 从

二、判断正误：

1.(√) 2.(√) 3.(×) 4.(√) 5.(√) 6.(×) 7.(√) 8.(×)

二、略 三、略

朝　向　往

填空：
　　1.朝/向/往　2.向　3.朝/向/往　4.向　5.往　6.往

相同：1.都兼有介词和动词两种词性。
　　　2.都可以表示动作的方向。
不同：1."朝""向""往"都可以构成介宾词组表示动作行为的方向，作状语时，一般可以互换。如例1、2、4、8、10中的"朝""向""往"就可以换用。
　　　2.介词"朝""向"构成的介宾词组一般修饰表示还可以表示动作的对象。但如果动作的对象是人，则"朝"构成的介宾词组后面一般是表示身体的动作、姿态等的动词，如"笑""喊""叫""嚷""骂""招手""点头""挥手""摇头"等等，如例3；"向"构成的介宾词组修饰的动词较广泛，除上面的动词外，还可以是"问""道歉""打听""了解""介绍""要求""请求""报告"等言说类动词以及"学习""借"等词，如例5。"往"有"向某处去"的意思，即表示动作位移的方向。
　　　3."朝""向"构成的介宾词组表示动作行为的方向时，宾语可以是方位词或处所词，如"上、下、左、右、里、外、前、后、东、西、南、北"、"北京、天安门、图书馆、学校、车站、身旁、桥下"等，也可以是指人的名词或代词，如"朝他走过来""向张三跑过去"等等。
　　　　当"朝""向"动作行为的对象时，宾语一般是表示人的名词或代词，如"张三""我"、"他"等，可以说"朝张三笑""向他招手"等。
　　　　因为"往"表示位移的方向，所以其宾语在语义上应指位移的终点，一般都是包含方位词或处所词的名词性成分，例如"往前挤"、"往教室里跑"等；如果由指人的各词或代词充当宾语，一般要加上"这儿""那儿"等词，如"往张三那儿指""往他那儿跑""往我这儿看"等等。
　　　4."向"、"往"构成的介宾词组都可以出现在动词后面充当补语，表示动作的方向，但"往"构成的介宾词组一般只表示具体的方向，如例9。

"向"构成的介宾词组既可以表示具体的方向,如例6;也可以表示抽象意义的方向,如例7。"朝"不能这样用。

5. "朝""往"口语中更多用,"向"多用在书面语中。
6. 动词"朝""向"的意思是"面对着",如"大门朝南""这个房间向阳";动词"往"的意思是"向某处去",如"我往东,你往西。"

词性	共同语义	不同语义	用法	语体	补充
朝	介词	都可以表示动作的方向	表示动作行为的对象	朝他笑 朝他走过来	口语	动词:面对着
向			构成的介宾词组可用动词后充当补语,表示动作的方向	向他招手 向张三跑过去	书面语	
往			表示位移的方向	往我这儿跑 往张三那儿看	口语	动词:向某处去

一、填空:
1.向 2.朝 3.往 4.朝 5.向 6.朝 7.往 8.向

二、判断正误:
1.(√) 2.(√) 3.(✕) 4.(√) 5.(√) 6.(✕) 7.(✕) 8.(√) 9.(√) 10.(√)

三、连线:

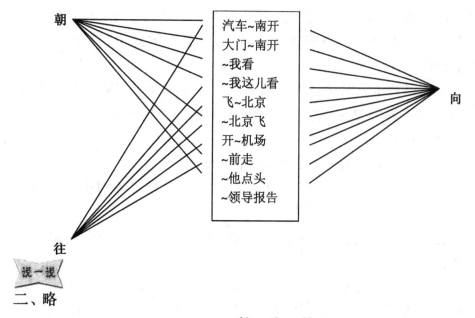

二、略

替 为 给

填空：

1. 替/为/给　2. 为　3. 给　4. 为/替　5. 替　6. 给　7. 为

相同：都可以作介词，引进动作的受益者。

不同：1. 都可以引进动作的受益者。"替"后面多跟指人的名词或代词，如例1、2，也可以不是指人的词，如例3。1、2、3中的"替"可以换成"为""给"，不过"替""给"多用于口语，"为"多用于书面语。

2. "替"还可以引入分担、分享的对象，而要分担的可以是责任、压力、紧张难过的情绪等等，也可以是分享喜悦、骄傲等等，如例4。这种句子中的谓语部分常常是描写心理状态的心理动词、形容词或形容词性成分。如"高兴、骄傲、着急、担心、难过"等等。这种意思可以用"为"代替，但"为"多用于书面语，"替"多用于口语；这种意思不能用"给"代替。

3. "替"还有动词用法,"代替"的意思,如例 5,本来应该由"我""给孩子买"的,现在由"你"代替我去买,"替"引入替代的对象。"为""给"没有这种用法。

4. "为"还可以表示原因或目的。如例 8、9,例 8 表示"一宿没睡"的原因是"这事儿";例 9 表示"卖掉房子"的目的是"给父亲治病"。"给""替"没有这个意思。

5. "给"可以引入动作的对象,这时句中的动词往往具有一定的方向性,如例 11、12。由于"替""为"不具有方向性,所以这样是句子中的"给"不能用"替""为"代替。

6. "给"还可以引入动作行为的受害者,如例 13,"替""为"没有这个意思。

7. "给"的后面可以省略引入的对象,这个对象一般是"我""我们",或者根据上下文可以知道的某个人。"为""替"因为在语义上不能自足,它们后面必须有引入的对象,所以例 14 中的"给"不能用"为""替"代替。

8. "给"在口语中,可以表示被动的意思,如例 15。"为""替"没有这种用法。

9. "给"组成的介词结构可以用在动词后,做补语。如例 16。"为""替"没有这种用法。

10. "给"可以用在祈使句中,后面的宾语常常是"我",表示一种很强硬的命令。如例 17。"为""替"没有这种用法。

11. "给"还有动词用法,"使某人得到"的意思,如"我给你二十块钱"。"为""替"没有这种用法。

词性	共同语义	不同语义							补充
替	介词 "替""给"多用于口语,"为"多用于书面语	引入分担、分享的对象							动词用法,"代替"的意思
为	引进动作的受益者。		表示原因或目的						
给				可以引入动作的对象	引入动作行为的受害者	后面可以省略引入的对象	在口语中,可以表示被动的意思	组成的介词结构可以用在动词后,作补语	可以用在祈使句中,表示一种很强硬的命令	动词用法,"使某人得到"的意思

一、填空:
    1.给 2.替/为 3.给 4.为 5.给 6.给 7.为 为 8.给
    9.替/给/为 10.给 11.给 12.给 替/给

二、判断正误:
    1.(×) 2.(√) 3.(×) 4.(√) 5.(×) 6.(√) 7.(√)
    8.(√) 9.(√) 10.(√) 11.(√)

二、略

第七课

对　对于　关于

填空：

1.对于/对　2.对　3.关于　4.对　5.对　6.关于

相同：1.都是介词。

2.都可以表示人、事物、行为之间的对待关系。

不同：1."对于""对"表示动作行为针对的对象；"关于"是表示动作行为涉及的事物或范围。

2.它们组成的介词结构做状语时，在句子中的位置略有不同。"对"组成的介词结构做状语时，一般位于句子中间；"关于"组成的介词结构作状语时，只能用在句子开头，如例10、11；"对于"组成的介词结构作状语时，用在主语前后都可以，如例5、6、7、8、9。

3."对"有指示动作行为对象的作用，如例1、2；"对于""关于"没有这一用法。

4."对""对于"都可以表示"对待"的意义，但是适用范围不完全相同。表示人与人之间的对待关系，一般用"对"，不用"对于"，如例3。"对于"表示对待的意义时，最好用于表示做某事的某一种人、所做的某一类事、表现的某一方面等等，所以一般比较复杂的结构，多用"对于"，如例5。

5.用"对于"的句子都可以用"对"代替，但是用"对"的句子不一定能用"对于"代替。

6."对"用于口语较多；"对于""关于"用于书面语较多。

	词性	共同语义	不同语义		用法	语体
对	介词	都可以表示人、事物、行为之间的对待关系	表示动作、行为针对的对象	指示动作、行为对象	它们组成的介词结构作状语时，在句子中的位置略有不同	口语
对于				都可以表示"对待"的意义，但是适用范围不完全相同		书面语
关于			表示动作、行为涉及的事物或范围			

一、填空：
1. 关于　2. 对于/对　3. 对　4. 对　5. 对　6. 关于　7. 对于/对

二、判断正误：
1.（×）　2.（√）　3.（√）　4.（×）　5.（√）　6.（×）

二、略

按照　根据

填空：
1. 根据　2. 按照　3. 根据　4. 按照　5. 根据　6. 按照

相同：1. 都是介词。
　　　2. 都可以表示动作行为的标准或者依据。
不同：1. 语义不同："按照"表示的是动作行为遵从某一标准。"根据"表示的是介绍得出某种论断的依据。

2.接续不同:"按照"后面一般是名词或名词性词组,如例1、2、3、4。"根据"后面可以是名词或名词性词组,如例5、6;也可以是动词,如例7。

3."根据"还可以是名词,表示作为论断依据的事物,如例8。"按照"没有名词用法。

	词性	共同语义	不同语义	用法
按照	介词	表示动作行为的标准或者依据	动作行为遵从某一标准	后面一般是名词或名词性词组
根据			介绍得出某种论断的依据	后面可以是名词或名词性词组,也可以是动词
	名词		表示作为论断依据的事物	

一、填空:

1.根据 2.按照 3.根据 4.按照 5.按照

二、判断正误:

1.(×) 2.(√) 3.(√) 4.(×) 5.(√)

二、略 三、略

知识参考:

按:《字汇》"按,验也。"是对已知的事物进行验证、复查,看它是否可靠、真实。

"按"的"按照"义是根据已有的去执行,如"按图索骥""按功行赏""按期""按时""按理说"。

据:"据"的本义是"用手支撑身体"的意思。后引申为"凭借、依靠"的意思,如"据险固守",后表示动作行为凭借的对象或方式。如"据理力争""据此"。

经过　　通过

填空:
  1.经过　2.经过　3.通过　4.通过

相同:1. 都可以是动词、介词。
   2.介词用法时可以互换,但意思有所不同。
不同:1. "经过"做动词有两个意思:
    ① 表示从某处过,有"路过"的意思,如例1;"通过"也可以表示从某处过,但不是"路过"的意思,而是"穿过"的意思,如例7。
    ② 表示经历,可以带"了",如例2;"通过"没有这种意思。
  2. "经过"做介词。表示经历某一活动或事件后,有了一个结果。后面可以跟名词、动词、小句作宾语,如例3、4、5;有时可以用"通过"代替,但语义侧重有所不同。
  3. "经过"还有名词的用法,如例6。"通过"没有名词用法。
  4. "通过"做动词也有两个意思。
    ① 表示从某处过,有"穿过"的意思。如例7。
    ② 表示达到了某一标准,或同意某一决定。如例8、9。"经过"没有这个意思。
  5. "通过"做介词。引进动作的媒介或手段。后面可以跟名词、动词、小句。如10、11、12。

	词性	不同语义	用法
经过	动词	①表示从某处过，有"路过"的意思 ②表示经历，可以带"了"	
	介词	表示经历某一活动或事件后，有了一个结果	后面可以跟名词、动词、小句作宾语。可以用"通过"代替，但语义不同。
	名词	过程、经历	
通过	动词	①表示从某处过，有"穿过"的意思 ②表示达到了某一标准，或同意某一决定	
	介词	引进动作的媒介或手段	后面可以跟名词、动词、小句作宾语。可以用"通过"代替，但语义不同。

一、填空：
    1.经过 2.经过 3.通过 4.通过 5.通过
二、判断正误：
    1.（√） 2.（√） 3.（×） 4.（×） 5.（√）

二、略

沿着　　顺着

填空：
    1.顺着 2.沿着/顺着 3.沿着/顺着 4.顺着

相同：1.介词。

2.都可以表示动作经过的路线。

不同:在表示"经过的路线"的意思上,两个词是一样的,例1、2中的"沿着"也可以用"顺着"。另外"沿着"可以表示抽象的意思,如例3,这时不能换用"顺着";"顺着"更强调动作的方向性,意思是使方向相同。在这个意思上,不能换用"沿着",如例4、5。"顺着"表示使方向相同的意思时,也可以用于抽象的意思,如例6。

	词性	共同语义	不同语义
沿着	介词	都可以表示动作经过的路线	更强调动作经过的路线
顺着			更强调动作的方向性,意思是使方向相同

一、填空:
    1.顺着 2.沿着 3.沿着 4.顺着 5.顺着

二、判断正误:
    1.(√) 2.(√) 3.(√) 4.(√) 5.(×)

二、略

第八课

多亏　幸亏　好在

填空:
    1.多亏 2.好在 3.幸亏 4.多亏/好在 5.幸亏 6.好在

相同:都有由于某种原因而避免了不幸或获得了某种好处的意思。

不同:1."多亏"是动词,"幸亏""好在"是副词。

2.语义不同:"多亏"含有感谢的意思,是说由于别人的帮助或某种有利的因素,避免了某种不幸或得到了好处;"幸亏"有庆幸的意思,表示由于某种已经存在的有利条件或者偶然出现的有利条件而避免了某种不利的事情;"好在"表示本来就存在的有利条件或情况。

3."多亏"后面可以是名词、动词或小句做宾语;"幸亏""好在"后面更多的是一个小句子。

4."幸亏"一般用在第一个分句的句首,第二个分句中常有"不然""要不""否则""才"等词,引出已经避免的后果。"好在"一般用在第二个分句的句首,第一个分句常常是说明发生的不利的情况,"好在"句说明在这种不利的情况之下,还存在着一些有利的因素。"多亏"可以用在前一个句子,也可以用在后一个句子。

	词性	共同语义	不同语义		用法
多亏	动词	由于某种原因而避免了不幸或获得了某种好处	含有感谢的意思	后面可以是名词、动词或小句作宾语	
幸亏	副词		有庆幸的意思。有利的条件可以是偶然出现的或者是已经存在的	后面一般是一个小句子	~...,才...； ~...,不然... ~...,否则
好在			表示本来就存在的有利条件或情况		...,~...

一、填空:

  1.多亏 2.好在 3.多亏 4.幸亏 5.好在 6.多亏 7.幸亏 8.好在

二、判断正误：
1.(√)　2.(√)　3.(√)　4.(√)　5.(×)　6.(√)　7.(×)

二、略

常常　经常　往往

填空：
1.常常/经常/往往　2.往往/常常/经常　3.经常　4.经常　5.常常/经常　6.往往

相同:都可以表示发生的频率很高。

不同:1."经常"是形容词;"常常""往往"是副词。

2."常常""经常"的意思是表示动作或事情多次发生,但"经常"有时带有一贯性。"往往"的意思更重在表达动作、行为或事件的一种规律性。

3."常常""经常"可以表示主观愿望,如例3;"往往"不用于表达主观愿望。所以"常常""经常"不受过去、现在、将来时间的限制,而"往往"只能用在表示过去情况的句子中。

4."经常"可以做定语,如例4;可以作谓语,如例5;也可以做状语,如例6、7;"常常""往往"只能作状语。

5."常常"的后面可以是动词、动词短语或者小句子;"往往"的后面一般不能是单个的动词,因为单个的动词不能表达一种规律,所以在动词前后一般要有状语或补语,来说明时间、地点、方式、条件等等。

6."经常"的否定式是"不经常","常常"的否定式是"不常","往往"没有否定式。

7."经常"的后面可以加上"性""化"等词,使它变成名词,如例8;"常常"

"往往"不能。

词性	共同语义	不同语义		用法			
经常	形容词	表示发生的频率很高	表示动作或事情多次发生,但"经常"有时带有一贯性	可以表示主观愿望,不受过去、现在、将来时间的限制	可以作定语、谓语、状语	后面可以是动词、动词短语或者小句子	不~	~化、~性
常常	副词				只能作状语			
往往			表达动作、行为或事件的一种规律性	不用于表达主观愿望,只能用在表示过去情况的句子中		后面一般不能是单个的动词		

一、填空：
　　1.经常　2.往往　3.经常　4.常常/经常　5.经常　6.经常　7.往往/常常/经常

二、判断正误：
　　1.(√)　2.(√)　3.(√)　4.(√)　5.(×)　6.(×)　7.(√)　8.(×)　9.(×)　10.(×)

二、略

时常　不时　时时

填空：

1. 时常　2. 不时　3. 时时　4. 时常

相同：1. 都是副词，常用于书面语。

2. 都有"经常""常常"的意思。

不同：1. "时常""不时"修饰的是有间歇的、连续多次发生的动作或事件。但"时常"一般是对一个比较长的时间段来说的，而"不时"一般是对一个相对比较短的时间段来说的。"时时"有"每时每刻""不间断"的意思。

2. "时常""不时"后面只能跟肯定结构，"时时"后面可以跟否定结构，如例8。

3. "时时"可以有"时时处处""时时刻刻""时时事事"的用法，如例9、10；"时常""不时"没有这种用法。

	词性	共同语义	不同语义		用法
时常	副词	都有"经常""常常"的意思	修饰的是有间歇的、连续多次发生的动作或事件。"时常"一般是对一个比较长的时间段来说的，而"不时"一般是对一个相对比较短的时间段来说的	后面只能跟肯定结构	
不时					
时时			有"每时每刻""不间断"的意思	后面可以跟否定结构	"~处处""~刻刻""~事事"

一、填空：

　　1.时时　2.时常　3.不时　4.时常　5.不时　6.时时　7.不时

二、判断正误：

　　1.(√)　2.(×)　3.(√)　4.(×)　5.(√)　6.(√)

二、略

第九课

按时　　准时

填空：

　　1.按时　2.按时　3.准时　4.准时

相同：1. 都有"按规定的时间"的意思。

　　　2. 都可以在句子中做状语。

不同：1."按时"是副词；"准时"是形容词。

　　　2."按时"的意思是按照规定或约定的或习惯的时间；"准时"的意思是动作发生的时间很准确。

　　　3."按时"在句中只能做状语，如例1、2；"准时"除了做状语，还可以做谓语和补语，如例4、5，6。

	词性	共同语义	不同语义	用法
按时	副词	都有"按规定的时间"的意思	按照规定或约定的或习惯的时间	只能作状语
准时	形容词		动作发生的时间很准确	作状语,还可以作谓语和补语

一、填空:

  1.准时 2.按时 3.准时 4.按时 5.准时

二、判断正误:

  1.(×) 2.(√) 3.(×) 4.(√) 5.(√)

二、略

刚 刚刚 刚才

填空:

  1.刚才 2.刚才 3.刚/刚刚 4.刚 5.刚

相同:都可以表示动作、事件发生在不久前。

不同:一、"刚才"与"刚""刚刚":

  1."刚才"是名词;"刚""刚刚"是副词。

  2."刚才"是指说话不久以前的时间,如例1、2、3;"刚""刚刚"则泛指时间过去不久,指距离动作发生时间不长,可能是说话前的那段时间,如例4、5,也可能是相当一段时间以前,如例8。

  3."刚才"在句中可以作状语、定语、主语,如例1、2、3;"刚""刚刚"在句中只能作状语。

  4."刚才"还可以单独回答问题;"刚刚"在表示"刚才"的意思时可

以;"刚"不能单独回答问题(见二、4)。

5."刚""刚刚"有"刚(刚刚)……就……"的结构,表示两件事情或两个动作接连发生,如例6、9。"刚才"没有这种用法。

二、"刚"与"刚刚":

1."刚刚"比"刚"表示的距离动作发生的时间更短。

2."刚"可以用在"……一……就……"中的副词"一"前,表示两个动作或两个事件紧接着发生,如例10;"刚刚"不能跟"……一……就……"结构连用。

3."刚""刚刚"在"刚(刚刚)……就……"的结构中,"刚刚"后面一般要求双音节动词,如例6;"刚"没有这种限制。

4."刚刚"有时意思是"刚才",如例7;"刚"没有这种用法。所以在这个意思时,"刚刚"能单独回答问题,"刚"不能。

词	词性	共同语义	"刚才"和"刚""刚刚"的不同		"刚"和"刚刚"的不同	
			语义	用法	语义	用法
刚	副词	表示动作、事件发生在不久前	泛指时间过去不久	只能作状语 / 不能单独回答问题	"刚(刚刚)…就…"	"…刚一…就…"
刚刚				表示"刚才"的意思时可以单独回答问题	"刚刚"比"刚"表示的距离动作发生的时间更短 / 有时是"刚才"的意思	"刚(刚刚)…就…"的结构中,"刚刚"后面一般要求双音节动词
刚才	名词		指说话不久以前的时间	作状语、定语、主语 / 可以单独回答问题		

一、填空:
 1.刚才 2.刚 3.刚才 刚才 4.刚刚/刚 5.刚 6.刚刚/刚 7.刚
二、判断正误:
 1.(√) 2.(×) 3.(√) 4.(√) 5.(×) 6.(√) 7.(√)

二、略

千万 万万

填空:
 1.千万/万万 2.万万 3.千万/万万 4.万万/千万

相同:1.都是副词。
 2. 都可以用在祈使句中,表示对别人的劝告、请求、命令等。
不同:1.语义不同。"千万"的意思是"务必"、"一定要……";"万万"是"绝对"、"无论如何(用于否定句)"。
 2.都可以用在祈使句中,但略有不同:
   ①"万万"的语气比"千万"要重;
   ②"千万"可以用在否定的祈使句中,也可以用在肯定的祈使句中,如"千万(不)要""千万别"等,如例1、2、3;"万万"一般用在否定的祈使句中,如"万万不可""万万不能""万万不要",如例4、5。
 3. "万万"还可以用在陈述句中,表示事情完全出人意料,一点儿也没有想到,如例6。一般常用的有"万万没有想到""万万没有料到""万万想不到"等。"千万"只能用在祈使句中,不能用在陈述句中。

	词性	共同语义	不同语义		用法
千万	副词	用在祈使句中，表示对别人的劝告、请求、命令等	意思是"务必"、"一定要……"		可以用在否定的祈使句中，也可以用在肯定的祈使句中
			"绝对"、"无论如何（用于否定句）"	语气比"千万"要重	一般用在否定的祈使句中
万万			可以用在陈述句中，表示事情完全出人意料，一点儿也没有想到		~+没想到 ~+想不到

一、填空：

1.万万/千万 2.千万 3.千万/万万 4.万万 5.千万/万万 6.千万 7.千万/万万 8.万万/千万

二、判断正误：

1.（√） 2.（√） 3.（√） 4.（×） 5.（√） 6.（×） 7.（√）

二、略

亲自　　亲身

填空：

1.亲身/亲自 2.亲自 3.亲自 4.亲身/亲自

相同：1. 都是副词。
2. 都表示由自己(去做)

不同：1. "亲自"强调由自己直接去做，含有"不由别人去做"的意味："亲身"强调本人自身直接从事、投身进去的意思。

2. "亲自"的使用频率很高，能广泛地和许多动词组合；"亲身"使用的频率比较低，使用范围不如"亲自"广，只能与"体会""体验""感受""经历"等少数表示抽象意义的动词组合。

3. "亲自"一般修饰动词，做状语；"亲身"除了可以做状语以外，还可以做定语，如例 3。

	词性	共同语义	不同语义		用法
亲自	副词	都表示由自己（去做）	强调由自己直接去做	使用频率很高，能广泛地和许多动词组合	一般修饰动词，作状语
亲身			强调本人自身直接从事、投身进去	使用的频率比较低，只能与"体会""体验""感受""经历"等少数比较抽象的动词组合	作状语、定语

一、填空：
　　1. 亲自　2. 亲身　3. 亲自　4. 亲身/亲自　5. 亲身/亲自
二、判断正误：
　　1.（√）　2.（√）　3.（×）　4.（×）　5.（×）

二、略

第十课

几乎　　简直

填空：

　　1.几乎　2.简直　3.几乎　4.简直

相同：1.都是副词。

　　　2.都表示非常接近某种情况、程度或状态。

不同：1."几乎"在表示接近某种情况、程度或状态的程度上比"简直"稍差。"简直"的意思是"接近完全"，如例4；"几乎"只表示"接近"，如例1、2、3。

　　　2."简直"有夸张的语气，后面常常带有比喻，如例5、6、7；"几乎"只是用于一般客观的叙述，没有夸张的意思，所以后面一般也没有表示比喻的句子。

　　　3."简直"可以用来表达不满的情绪，如例8。一般句子比较简短，比如："简直太坏了！""简直是！""简直没人性！"等等，"几乎"没有这种用法。

	词性	共同语义	不同语义	用法	
简直	副词	都表示非常接近某种情况、程度或状态	意思是"接近完全"	有夸张的语气，后面常常带有比喻	可以用来表达不满的情绪
几乎			在表示接近某种情况、程度或状态的程度上比"简直"稍差	一般只是用于客观的叙述	

一、填空：

　　1.简直　2.几乎　3.几乎　4.简直　5.几乎

二、判断正误：
    1.(×) 2.(√) 3.(√) 4.(×) 5.(×)

二、略

差点儿　　几乎

填空：
    1.差点儿/几乎　2.几乎　3.几乎

相同：1.都是副词。
      2.都可以表示某种事情几乎实现而最后没有实现；或几乎不能实现的事情终于实现了。

不同：1."几乎"有"差点儿"的意思，口语中用"差点儿"更多一些。如果是说话人不希望实现的事情，用"差点儿/几乎＋动词"或者"差点儿/几乎＋没＋动词"都是表示事情没有实现，含有庆幸的意思，如例1、2、3、6、7。如果是说话人希望实现的事情，"差点儿/几乎＋(就)＋动词"表示没有实现，有惋惜的意思，如例4、9；"差点儿/几乎＋没＋动词"是庆幸终于勉强实现了，如例5、10。

      2."差点儿"可以单独回答问题，如例6；"几乎"不能这样用。

      3."几乎"还有"差不多"的意思，如例11、12。"差点儿"没有这个意思。

	词性	共同语义	不同语义		用法	
几乎	副词	都可以表示某种事情几乎实现而最后没有实现;或几乎不能实现的事情终于实现了	"几乎"有"差点儿"的意思,口语中用"差点儿"更多一些	"几乎"有"差不多"的意思	**说话人不希望实现的事情:** "差点儿/几乎+动词"或者"差点儿/几乎+没+动词" 都表示没有实现 **说话人希望实现的事情:** "差点儿/几乎+(就)+动词" 表示没有实现;差点儿/几乎+没+动词"表示勉强实现了	
差点儿						可以单独回答问题

能用"差点儿"代替的有:3.4.10.

能用"差不多"代替的有:1.2. 5. 6. 7. 8. 9.

二、略

到底 终于 总算

填空:

　　1.到底 2.终于/总算 3.总算/终于 4.终于/总算 5.总算 6.到底

相同:1.都是副词。

　　2.都可以表示事情最终实现。

不同:1."终于"多是表示一种积极的感情,事情最终合乎心愿,表达的是一种愿望实现以后的喜悦的心情,如例1、2。"总算"表示愿望最终实现时,有时给人的感觉好像实现得非常勉强,甚至是没有完全达到愿望,不过大体上还可以,如例4、5。"到底"表示最终实现的意思时,更多的是比较消极的感情,甚至是不希望发生的事情,如例7、8。

2. "到底"还有"毕竟"的意思,如例9,"终于""总算"没有这个意思。

3. "到底"还可以用于追问,如例10。"终于""总算"没有这种用法。

	词性	相同语义	不同语义		
终于			多是表示一种积极的感情,事情最终合乎心愿		
总算	副词	都可以表示事情最终实现	有时给人的感觉好像实现得非常勉强		
到底			更多的是比较消极的感情,甚至是不希望发生的事情	还有"毕竟"的意思	还可以用于追问

一、填空:

　　1.终于/总算　2.到底　3.终于　4.到底　5.总算/终于　6.总算　7.总算

二、判断正误:

　　1.(×)　2.(√)　3.(×)　4.(×)　5.(√)　6.(√)　7.(√)

二、略

毕竟　　究竟

填空：

1. 究竟　2. 毕竟/究竟　3. 究竟　4. 毕竟/究竟

相同：1. 都是副词。

2. 都有"归根到底"的意思，用来强调事物所具有的特性。

① 强调结论。表示已经存在的情况不能影响最后的结论。多用于辩解或者反驳，一般出现在"虽然……但是毕竟（究竟）……"这种格式中，如例 3、4、7、8。

② 强调原因。表示最终的原因还是事物所具有的那个特性。一般出现在第一个分句中，第二个分句常常有解释说明的句子，如例 5、6、9、10。

3. 一般都用于书面语。

不同：1. "究竟"可以表示追问。如例 1。"毕竟"没有这种用法。

2. "究竟"有名词用法，如例 2。"毕竟"没有名词用法。

	词性	共同语义	不同语义	用法
毕竟	副词	都有"归根到底"的意思，用来强调事物所具有的特性。①强调结论。②强调原因。		一般都用于书面语。
究竟			可以表示追问。	
	名词		有名词用法，表示"结果"、"原委"	

填空：

1. 究竟　2. 究竟　3. 究竟　4. 究竟　5. 毕竟/究竟　6. 毕竟/究竟

二、判断正误：
   1.（×） 2.（√） 3.（×） 4.（√） 5.（√） 6.（√）

二、略

第十一课

从来　　向来　　一向

填空：
   1.一向/向来　2.从来　3.向来/一向　4.向来/一向　5.从来/向来/一向　6.一向/向来/从来

相同：1.都是副词。
     2.都表示从过去到现在一直是这样。

不同：1."从来"多表示强调的意味，语气比较重。"向来""一向"表示强调的意味比较轻，一般用于叙述，重点是说明一种稳定的状态，所以常用来说明一个人的品质、性格、喜好、习惯等等，句子中的谓语多是形容词或意义比较抽象的动词。

     2."从来"多用于否定句，用在肯定句中的情况比较少。用在肯定句中，不能修饰单个的动词或形容词，而多是动词性或形容词性词组，并且常跟"都""就"搭配。"向来""一向"不受肯定句和否定句的限制，也不受句子成分简单或复杂的限制，它可以用在单个的动词或形容词前面，如例4、5、6、8。

     3."向来""一向"用在"～没……过……"格式中比较少，"从来"可以，表示没有过的经历，如例1。

     4."向来""一向"做副词用法基本相同，不过"一向"还有名词用法，意思是过去的某一段时间。"您一向可好?""向来"没有这种用法。

	词性	共同语义	"从来"和"向来""一向"的不同		"向来"和"一向"的不同
			不同语义	用法	
从来	副词	表示从过去到现在一直是这样	多表示强调的意味,语气比较重	多用于否定句,用在肯定句中的情况比较少	用在肯定句中,不能修饰单个的动词或形容词
向来			强调的意味比较轻,一般用于叙述	不受肯定句和否定句的限制	不受句子成分简单或复杂的限制
一向	名词				有名词用法,意思是过去的某一段时间

一、填空:

1. 从来 2. 一向/向来 3. 从来 4. 向来/一向 5. 向来/一向 6. 一向/向来 7. 向来/一向 8. 一向/向来

二、判断正误:

1.(×) 2.(√) 3.(√) 4.(√) 5.(√) 6.(×) 7.(×)

二、略

一连 接连 一口气

填空：
  1.一连/接连　2.一口气儿　3.一连/接连　4.一连/接连　5.一口气儿
 6.一连/接连　7.接连　8.一连/接连

  相同：1.都是副词
    2.都有连续不断的意思。
不同：1."一连"的意思是在一定时间内，动作连续不断或者情况连续发生；或者在一定的时间内，某个动作或情况一直没有出现；"接连"的意思是一个接一个、一次接一次；"一口气"表示很迅速地或者不间断地做某事。
  2."一连"有言其多的意思，语义指向是一个数量，所以后面一般要带有一个数量词组；"接连""一口气"的语义指向是后面的动词，后面可以有数量词组，也可以不带数量词组。

   在有"一连"的句子中，如果后面的动词是否定形式，一般的结构形式是"一连＋数量词＋没（不）＋动词"，如例1；如果后面的动词是肯定形式，一般有两种结构形式，一种是"一连＋数量词＋（都）＋动词"，如例2；一种是"一连＋动词＋数量词"，如例3、4。

  3.在有"一连"、"一口气"的句子中，施动者是一个；"接连"的句子中，有时施动者不止一个，如例7。

  4."接连"常和"不断"一起使用，"接连不断"在句子中可以做状语、定语、谓语，如例8、9、10。

  5."一口气"修饰的动词，一般是指人的动作；"一连""接连"没有这个限制，可以它们修饰的动词是指人的动作，也可以是一种情况或自然的变化等等。

  6."一口气"后面一般都是动词的肯定形式；"接连"后面多为动词的肯定形式，否定形式较少；"一连"的后面可以接肯定形式，也可以接否定形式。

词性	共同语义	不同语义		用法	
接连	副词 都有连续不断的意思	意思是一个接一个、一次接一次	有时施动者不只一个	可以是人的动作,也可以是一种情况或自然的变化	后面多为动词的肯定形式,否定形式较少
一连		意思是在一定时间内,动作连续不断或者情况连续发生	后面一般要带有一个数量词组	施动者是一个	后面可以接肯定形式,也可以接否定形式
一口气		表示很迅速地或者不间断地做某事		修饰的只能是表示人的动作的动词	后面一般都是动词的肯定形式

一、填空:
　　1.接连　2.一口气儿　3.一连/接连　4.接连　5.一口气儿　6.一连/接连　7.接连　8.接连

二、判断正误:
　　1.(√)　2.(√)　3.(√)　4.(×)　5.(√)　6.(×)　7.(√)

一、略　三、略

连连　　一个劲儿

填空：
1.连连/一个劲儿　2.一个劲儿　3.一个劲儿/连连　4.连连

相同：1.都是副词。
2.都表示动作行为在短时间内不间断地进行或出现。
3.都不用于否定句。

不同：1.语义重点不同。"连连"重点是说动作的不断重复,"一遍一遍地""一次一次地";"一个劲儿"语义重点是说动作的连续或持续,"不停地"。
2.使用语体不同。"连连"一般用于书面语;"一个劲儿"多用于口语。

	词性	共同语义	不同语义	用法	语体
连连	副词	表示动作行为在短时间内不间断地进行或出现	动作的不断重复,"一遍一遍地""一次一次地"	都不用于否定句	一般用于书面语
一个劲儿			动作的连续或持续,"不停地"		多用于口语

一、填空：
1.一个劲儿/连连　2.连连　3.一个劲儿　4.连连　5.连连

二、判断正误：
1.(√)　2.(×)　3.(√)　4.(√)　5.(√)

二、略

一直　始终

填空：

1. 一直/始终　2. 始终　3. 一直　4. 始终/一直　5. 一直　6. 一直

相同：1. 都有副词的性质。

2. 都有"动作或情况在一段时间持续不变"的意思。

不同：1. 在表示"动作或情况在一段时间持续不变"的意思时，"始终"强调从开始到结束没有变化；"一直"的语义重点是动作持续或者情况不改变。

这时它们都可以用在一些形容词、动词短语和否定形式前面做状语。

2. "一直＋动词（形容词）＋到……"可以表示动作、状态结束的时间，或者达到的处所或程度，如例5、6。"始终"没有这种用法。

3. "（从）……一直到……"有时可以强调所指的范围，如例8；"始终"没有这种用法。

4. "一直"后面的动词可以带数量补语，如例9；"始终"后面的动词不能带数量补语。

5. "一直"还可以表示动作顺着一个方向不变，后面常有表示方向的词语，如例10。"始终"没有这种用法。

6. "始终"有名词用法，表示从开始到最后，如例14；"一直"没有这种用法。

	词性	共同语义	不同语义	用法			
一直	副词	都有"动作或情况在一段时间持续不变"的意思	语义重点是动作持续或者情况不改变	"～+动词（形容词）+到…"	"（从）…～到…"	后面的动词可以带数量补语	可以表示动作顺着一个方向不变
始终			从开始到结束没有变化				
	名词		表示从开始到最后的整个过程				

一、填空：

    1.始终/一直 2.一直 3.始终 4.始终/一直 5.一直

二、判断正误：

    1.（×） 2.（√） 3.（√） 4.（√） 5.（√）

二、略

第十二课

不比　　没有

填空：

    1.不比/没有 2.不比 3.没有 4.没有

相同：都可以用来表示比较。

不同：1."比"是介词，"不比"是"比"的否定式，"不比"还是动词；"没有"是副词、动词。

      2.表示比较时，语义不同。"不比"常常有强调的意味；"没有"更倾向于客观的陈述。"他不比我高"的意思是"他跟我一样高"或"他比我矮"；"他没有我高"的意思是"我比他高"。

      3."没有"一般只能用在"A 没有 B＋形容词"的格式中；"不比"除了可以用在"A 不比 B＋形容词"的格式中；它还有动词的用法，有"A 不比 B，……"的格式，是"比不上""不同于"的意思，如例 4，"A 不比 B"的后面常常是说明的句子。

      4."没有"后面多是表示积极意义的形容词，如"好""多""漂亮""干净""等等"，一般不会是有消极意义的词；"不比"没有这种限制。

      5.用"不比"的句子中，形容词的后面可以接"多少"等疑问词构成非疑问的方式，表示差不多的虚指数量，如例 5、6；"没有"后面的形容词前可以加"这么""那么"，表示程度，如例 10、11。

      6.用"没有"除了表示比较以外，有时还表示比拟，如例 12；"不比"只能用于比较。

	词性	共同语义	不同语义	用法			
不比	比：介词	都可以用来表示比较	常常有强调的意味	"A～B+形容词"	对后面的形容词没有限制	"A～B+形容词+多少"	
	比：动词			"A 不比 B,……"			
没有	副词		客观的陈述	"A～B+形容词"	后面多是表示积极意义的形容词	A～B+那么/这么+形容词	有时还表示比拟

一、填空：
　　1.不比　2.没有 没有 没有　3.不比　4.没有　5.不比　6.没有
二、判断正误：
　　1.(√)　2.(√)　3.(×)　4.(√)　5.(√)　6.(×)

二、略

不如　　不及

填空：
　　1.不如　2.不及/不如　3.不如

相同：1.都是动词。
　　　2.都可用于比较句。

3. 都可以用在下面两种句式中:"A 不如(不及)B+形容词"和"A 不如(不及)B,……"。

不同:1. 语义略有不同。"不如"的意思是"比不上";"不及"的意思是"达不到"。

2. "不及"只用来比较不同的人或事物,因此前后只能是名词;"不如"除了用于比较人或事物之外,还可以比较动作行为的利弊得失,因此除了名词之外,前后还可以是动词或小句,如例 2、5。

3. "不如"可以构成"连……(都)不如""与其……不如……"的格式,如例 4、5,"不及"没有这种用法。

4. "不及"常用于书面语;"不如"没有语体限制。

	词性	共同语义	不同语义	用法		语体
不及			意思是"达不到"	"A 不如(不及)B+形容词"	只用来比较不同的人或事物	书面语
不如	动词	都可以表示比较	意思是"比不上"	"A 不如(不及)B,……"	除了用于比较人或事物之外,还可以比较动作行为的利弊得失	口语、书面语
	连词		比较之后做出选择	"与其…不如…"		

一、填空:

　　1. 不如　2. 不及/不如　3. 不如/不及　4. 不如/不及　5. 不如　6. 不如
7. 不及/不如

二、判断正误:
    1.(√) 2.(×) 3.(×) 4.(√) 5.(√) 6.(√)

二、略 三、略

不免   难免

填空:
    1.不免 2.不免 3.难免 4.难免 5.难免 6.不免

相同:都有"不能避免""不容易避免"的意思。

不同:①"不免"是副词,"难免"是形容词。

    ②"不免"的语义重点是由于某种原因而自然产生某种结果,多侧重人的感情的自然流露或事情顺理发展而自然产生的结果。"难免"多侧重不希望发生而又避免不了的事情。

    ③两个词都可以用于对已经发生的事情的陈述,也可以是对事理的一种阐述。但"不免"用于前一种情况更多,"难免"用于后一种情况更多。

    ④"不免"是副词,在句中只能作状语;"难免"是形容词,除了作状语以外,还可以作谓语、定语等,如例6、7。

    ⑤"难免"后面可以跟否定句。

    如果是不希望发生的事情,后面跟肯定形式和否定形式意思相同。如例8、9也可以说成:一个人难免不犯错误。/难免被人误会。

    如果是希望发生的事情,只有否定形式,没有肯定形式。如例11不能说成:刚来中国,难免有点儿习惯。

    "不免"因为本身已经是否定形式,所以后面不能跟否定形式。

	词性	共同语义	不同语义		用法	
不免	副词	都有"不能避免""不容易避免"的意思	由于某种原因而自然产生某种结果	多用于对已经发生的事情的陈述	只能作状语	后面不能跟否定形式
难免	形容词		多侧重不希望发生而又避免不了的事情	多是对事理的一种阐述	作状语、谓语、定语等	后面可以跟否定句

一、填空：
    1.难免；2.不免　3.不免/难免　4.难免　5.不免
二、判断正误：
    1.(✕)　2.(✕)　3.(✓)　4.(✓)　5.(✓)

二、略

知识参考：

免　在上古的常用义是除去、避免的意思。如"免冠""临难勿苟免。"《正字通》"免，罢黜也。""免"的解除义是由除去义引申出来的。如《管子·明法》"不胜其任者免。"现代汉语中"免职""任免""免费""免考""免试""免税""减免"等中的"免"都是"除去"的意思，"免不了""不免""难免""以免"中的"免"都是"避免"的意思。

以免　免得　省得

填空:
　　1.以免/免得　2.省得/免得　3.免得/以免

相同:1.都是连词。
　　2.其后都可以接动词性词组、形容词或小句。
　　3.都可以表示避免发生某些不希望发生的事情。

不同:1."免得""省得"可以用在第二个分句的最前面,也可以用在句中,前面常常有"也""又""就"等词,即"……也免得/省得……""……又免得/省得……""……就免得/省得……";如例5、8;或者也可以用在反问句中,"……不就免得/省得……了吗?"等等,如例9。"以免"只能用在第二个分句最前面。

　　"以免"在古汉语中用做动词,在现代汉语中仍有语义滞留,在其后可以接名词性成分(一般为文言色彩较重的名词性成分),如例3。"免得"、"省得"没有这种用法。

2."省得"还有一个义项,就是"免除了本来应该做或必须做的事情",如例10。"以免"、"免得"没有这种意思。

3."以免"多用于书面;"免得"书面语、口语都使用;"省得"多用于口语。

4."以免"后要避免的事情一般比较严重,"免得"次之,"省得"最轻。

	词性	共同语义	不同语义		用法	语体
以免	连词	都可以表示避免发生某些不希望发生的事情	要避免的事情一般比较严重	其后都可以接动词性词组、形容词或小句	只能用在第二个分句最前面	书面语
免得			要避免的事情没有"以免"那么严重		可以用在分句的最前面,也可以用在句中	书面语、口语
省得			要避免的事情一般比较轻	免除了本来应该做或必须做的事情		多用于口语

一、填空:

　　1.以免/免得　2.免得/省得　3.省得　4.省得/免得　5.免得/省得 6.省得/免得

二、判断正误:

　　1.(×)　2.(√)　3.(√)　4.(×)　5.(√)

略

第十三课

故意　　有意

填空:

　　1.故意　2.故意　3.有意/故意　4.有意

相同：1.都可以表示有意识地做某事。
2.都可以作状语。
不同：1."故意"是形容词；"有意"是副词、动词。
2."故意"和"有意"，都表示"有意识地做某事"的意思，但是"故意"的语义更侧重明知道不应该或者没必要这样做而这样做，如例1、2、3；"有意"更侧重心里有主意、有计划和安排，如例4、5。
3."有意"做动词有两个意思：一是表示"有做某事的心思、想法"，如例6、7；二是指男女间有爱慕之心，如例8、9。"故意"没有这两种意思。

	词性	共同语义	不同语义	用法
故意	副词	都可以表示有意识地做某事	更侧重明知道不应该或者没必要这样做而这样做	都可以作状语
有意			侧重心里有主意、有计划和安排	
	动词		①表示"有做某事的心思、想法" ②指男女间有爱慕之心	

一、填空：
    1.故意/有意 2.有意 3.故意 4.有意/故意 5.有意 6.故意
二、判断正误：
    1.(√) 2.(√) 3.(√) 4.(√) 5.(×)

二、略 三、略

轻易 随便

填空:
1. 轻易/随便 2. 轻易 3. 轻易/随便 4. 随便 5. 随便

相同:都有"不经过慎重考虑"的意思。

不同:1."轻易"是副词;"随便"是形容词。

    2."轻易"多用于否定句中,有两种情况:

       ① 表示不经过慎重考虑而随随便便的意思(如例1、2)。表达这种意思时有一个比较多见的结构是"不(要、能、应该、会等)＋轻易",这个意义上可以用"随便"代替。

       ② 表示很少、不容易的意思。这时常用的结构是"轻易＋不"(如例3、4),这个意义上不能用"随便"代替。

    3."轻易"用在肯定句中,表示做起来简单、容易,如例5、6;"随便"没有这个意思。

    4."随便"还有一个意思,是"不在数量、范围等方面加以限制",如例7、8;"轻易"没有这个意思。

    5."随便"除了做状语以外,还可以做补语、谓语、定语,如例8、9、10;"轻易"只能做状语。

    6.因为"随便"是形容词,所以有"随随便便"的用法,如例11;"轻易"没有这种用法。

	词性	共同语义	不同语义	用法		
轻易	副词	都有不经过慎重考虑的意思	"不+轻易" "轻易+不"	用在肯定句中,表示做起来简单、容易	只能作状语	
随便	形容词		不在数量、范围等方面加以限制		作状语、补语、谓语、定语	"随随便便"

一、填空：
　　1.随便　2.轻易/随便　3.随便　4.轻易　5.随便

二、判断正误：
　　1.(√)　2.(√)　3.(×)　4.(×)　5.(√)

二、略

顺手　　顺便

填空：
　　1.顺手　2.顺便　3.顺手　4.顺便　5.顺便　6.顺手/顺便

相同：都可以做副词。

不同：1."顺手"做副词,可以表示"顺便"的意思,如例1、2,可以用"顺便"代替,但一般是用手完成的动作,如例1、2；"顺便"没有这种限制。

　　　2."顺手"做副词,还可以表示很轻易的一伸手、随手的意思(如例3),作状语。

3."顺手"还有形容词的用法。

① 表示做事没有遇到阻碍,很顺利,如例 4。

② 表示工具使用很方便,如例 5。

"顺便"没有以上两个意思,它一般只能作状语,表示利用做某事的方便做另一件事。

	词性	共同语义	不同语义
顺便	副词	都有趁做某事的方便做另一件事的意思	
顺手			① "顺手"有"顺便"的意思,但一般是用手完成的动作 ② 随手的意思
	形容词		① 表示做事没有遇到阻碍,很顺利 ② 表示工具使用很方便

一、填空:

1.顺手　2.顺便　3.顺手　4.顺便　5 顺手

二、判断正误:

1.(×)　2.(√)　3.(√)　4.(×)　5.(√)

二、略

眼看　马上　立刻

填空:

1.眼看　2.眼看　3.马上　4.马上/立刻

相同：1. 都可以做副词。

2. 都可以表示"即将发生"。

不同：一、"眼看"和"马上""立刻"的不同：

1. "眼看"做副词，用在句首的情况要多于"马上""立刻"。

2. "眼看"一般只用于对客观情况的描述，多用于表示未然的句子中。"马上""立刻"既可以用于表示未然的句子中，如例 10、11、12、13、17；也可以用于表示已然的句子中，如例 8、9、16、18、20。

3. 因为"眼看"一般只用于对客观情况的描述，所以它表述的情况一般是说话人不能控制的；"马上""立刻"所表述的情况可以是说话人能控制的，如例 8、9、10、12、16、17、18、19；也可以是不能控制的，如例 11、13、20。

4. 因为"马上""立刻"所表述的情况是说话人可以控制的，所以在祈使句中，能用"马上""立刻"，如例 12、17；"眼看"不能用在祈使句中。

5. 因为"眼看"一般只用于对客观情况的描述，所以它没有否定式；"马上""立刻"有否定式，如例 9、19。

6. "马上""立刻"可以单独回答问题；"眼看"不能。

7. "眼看"做副词只表示"即将发生"的意思，"马上""立刻"除了这个意思之外，还可以表示"紧接着前面的事情发生"，所以"马上""立刻"可以用在"……一…… 马上/立刻（就）……"或"…… 了…… 马上/立刻（就）……"结构中，如例 11、16、18、20；"眼看"不能这样用。

8. "眼看"可以做动词用。有两种意思：

① 指出正在发生的情况，常带"着"，必带小句作宾语，如例 4、5。

② 坐观（不好的事情发生或发展）而无所作为。必带小句宾语或与另一动词连用，如例 6、7。

"马上""立刻"没有动词用法。

二、"马上"和"立刻"的不同：

1. "立刻"表示的时间比"马上"更短，"马上"的伸缩性比较大。如例14,表示的时间也许是几天、几个星期,也许是几个月。
2. "马上"多用于口语；"立刻"口语、书面语都常用。
3. "立刻"一般不修饰单个的动词；"马上"可以,如例15,不能用"立刻"代替。
4. "马上"有时候含有"最近的将来"的意思,这时候不能用"立刻",如例14。

词性	共同语义	"眼看"和"马上""立刻"的不同						
		语义				用法		
马上 立刻	副词	都可以表示"即将发生"	既可以用于表示未然的句子中,也可以用于表示已然的句子中	所表述的情况可以是说话人能控制的,也可以是不能控制的	可以用在祈使句中	"紧接着前面的事情发生"		有否定式	可以单独回答问题
眼看			只用于对客观情况的描述,多用于表示未然的句子中	它表述的情况一般是说话人不能控制的	不能用在祈使句中		用在句首的情况要多于"马上""立刻"	没有否定式	不能单独回答问题
	动词		① 指出正在发生的情况,常带"着" ② 坐观（不好的事情发生或发展）而无所作为					

	不同语义		用法	
马上	表示的时间伸缩性比较大	有时候含有"最近的将来"的意思	可以修饰单个动词	多用于口语
立刻	表示的时间比"马上"更短		不能修饰单个动词	没有语体限制

一、填空：

  1.马上/眼看 2.眼看/马上 3.立刻/马上 4.眼看 5.马上 6.眼看 7.眼看 马上 8.立刻/马上

二、判断正误：

  1.(√) 2.(×) 3.(√) 4.(√) 5.(√) 6.(×)

二、略

第十四课

本来 原来

填空：

  1.原来 2.原来 3.本来 4.原来

相同：1. 都可以做形容词和副词。

   2. 做副词时，都有"起初""原先"的意思，并且有现在已经发生了变化的含义，如例1、2、7、8。

不同：1."原来"做副词时，除了表示"起初""原先"的意思以外，还有"发现以前不知道的情况"而"恍然醒悟"的意思,可以用在主语前或主语后,如例3、4。"本来"没有这个意思。

2. "本来"做副词时,除了表示"起初""原先"的意思以外,还有"按道理就该这样"的意思,如例9、10。"原来"没有这个意思。

3. 做形容词时,"原来"的意思是"过去的""以前的",如例5、6;"本来"表示"固有的",如例11、12。

	词性	共同语义	不同语义	
本来	形容词			"固有的"
	副词	做副词时,都有"起初""原先"的意思,并且有现在已经发生了变化的含义。	"按道理就该这样"的意思	
原来	副词		"发现了以前不知道的情况"	
	形容词			"过去的""以前的"

一、填空:
 1.原来 2.原来 3.本来 4.原来 5.本来 6.本来 7.原来
二、判断正误:
 1.(√) 2.(√) 3.(√) 4.(√) 5.(√) 6.(×) 7.(√)
 8.(√)①(×)②

二、略

知识参考：

本：① 草木的根，泛指事物的根本或根源。水有源，木有本/本固枝荣/舍本逐末/忘本

② 固有的。本意/本质/本能/本性

③ 主要的，中心的。本科/本部

原：① 事物的根本或开端。有本有原/本原

② 最初的，开始的。原始/原住民/原唱

③ 没有改变的。原版/原意/原话

④ 没有经过加工的。原油/原煤/原料

明　明明　分明

填空：

　　1.分明　2.分明　3.分明/明明　4.明明/分明　5.明明/明/分明　6.明

相同：都有"很明显，确实如此的意思"

不同：1."明""明明"是副词，"分明"是形容词。

　　2."明明"作状语，可以用在主语后，如例3、4，也可以用在主语前，如例5，意思是"事实显然是这样或者确实这样"，上下文常常是反问句或下文是转折的语句，表示与前面的事实相反，或表示一种不满、责备的语气。

"分明"也可以做状语，表示"显然如此"的意思，下文可以是转折的语句或反问句，这时可以用"明明"代替，如例6。不过"分明"后面的句子不一定是转折的语句或反问句，如例7、8。

"明"作状语，一般用在主语后，而且后面的动词只限于"知"和"知道"。

　　3."分明"还有"清楚、明白"的意思，可以做补语，如例9；也可以做谓语，

如例10。

4."明明""明"多用于口语,"分明"多用于书面语。

	词性	共同语义	不同语义	用法	语体
明				一般用在主语后,而且后面的动词只限于"知"和"知道"	口语
明明	副词	都有"很明显,确实如此"的意思		作状语,可以用在主语后,也可以用在主语前,下文或上文常常是转折的语句或反问句	
分明	形容词		还有"清楚、明白"的意思	作状语,表示"显然如此"的意思,后面的句子不一定是转折的语句或反问句	书面语

一、填空:

　　1.分明　2.明明/分明　3.分明　4.明明/明/分明　5.分明　6.明明/分明　7.分明　8.明

二、判断正误:

　　1.(√)　2.(√)　3.(√)　4.(√)　5.(×)　6.(√)　7.(×)　8.(√)

二、略

正好　　恰好

填空:

　　1.正好/恰好　2.正好　3.恰好/正好　4.恰好/正好

相同:都有"正合适、正在某一个点上"的意思

不同:1."正好"是形容词;"恰好"是副词。

　　2."正好"表示"正合适、正在某一个点上"的意思时,它的语义重点是说

数量上不多不少、时间上不早不晚、尺寸上不长不短、程度上不高不低等等,如例1、2、3、4;"恰好"有非常巧合的意思,具有一种偶然性,如例7、8、9、10。尽管用"恰好"的时候可以用"正好"替换,但语义侧重略有不同。

3. "正好"还有"趁这个机会可以做什么"的意思,如例5、6;"恰好"没有这种意思。

4. "正好"在句中可以作状语、补语,如例1、2,3。也可以作谓语或单独使用,如例4;"恰好"是副词,一般只用在动词前作状语,偶尔也单独使用,但一般不能作补语、谓语使用。

5. "正好"多用于口语;"恰好"多用于书面语。

	词性	共同语义	不同语义		用法	
正好	形容词	都有"正合适、正在某一个点上"的意思	语义重点是说数量上不多不少、时间上不早不晚、尺寸上不长不短、程度上不高不低等等	还有"趁这个机会可以做什么"的意思	可以作状语、补语、谓语或单独使用	口语
恰好	副词		有非常巧合的意思,具有一种偶然性		一般只用在动词前作状语	书面语

一、填空:
    1.正好 2.正好 3.恰好/正好 4.正好 5.恰好

二、判断正误:
    1.(×) 2.(√) 3.(√) 4.(√) 5.(×)

二、略

照常　照旧　照样

填空：

1. 照常　照常　2. 照旧　3. 照旧　4. 照样

相同：都有不改变的意思。

不同：1. "照常""照旧"是形容词，"照样"是副词。

2. 语义不同。"照常"的意思是跟平常一样；"照旧"的意思是跟原来的情况、做法、习惯一样；"照样"意思是跟相关的情况一样。

3. "照常""照旧"可以作状语，如例1、2、5；也可以作谓语，如例3、4、6、7、8。；"照样"只能作状语，如例9、10、11、12。

	词性	共同语义	不同语义	用法
照常			意思是跟平常一样	可以作状语，也可以作谓语
照旧	形容词	都有"不改变"的意思	意思是跟原来的情况、做法、习惯一样	
照样	副词		意思是跟相关的情况一样	只能作状语

一、填空：

1. 照样　2. 照旧　3. 照常　4. 照旧/照样　5. 照样　6. 照常　7. 照常
8. 照样

二、判断正误：

1.（√）　2.（√）　3.（×）　4.（×）　5.（√）　6.（√）　7.（×）
8.（√）　9.（√）

二、略

281

第十五课

便于 以便

填空:
    1.便于 2.以便/便于 3.便于 4.以便/便于

相同:1.都有对做某事方便的意思。
      2.都用于书面语。

不同:1."便于"是动词;"以便"是连词。
      2."便于"的意思是"比较容易、方便、顺利地做某件事";"以便"的意思是"使下文所说的目的容易实现"。
      3."以便"一般用在后一分句中;"便于"没有这种限制。
      4."便于"的否定词是"不便于":"以便"没有否定词。

	词性	共同语义	不同语义	用法	语体
便于	动词	都有"对做某事方便"的意思	意思是"比较容易、方便、顺利地做某件事"	否定词是"不便于"	都用于书面语
以便	连词		意思是"使下文所说的目的容易实现"	一般用在后一分句中	没有否定词

一、填空:
    1.便于 2.以便/便于 3.便于 4.便于 5.便于 6.以便/便于
    7.便于

二、判断正误:
    1.(√) 2.(×) 3.(√) 4.(√) 5.(√) 6.(√)

二、略

不得不　只好

填空：

1.只好　2.只好　3.不得不　4.不得不/只好

相同：都表示别无选择的意思。

不同：1."只好"是副词；"不得不"不是词,可以看作是熟语。

2."只好"后面可以是否定词,如例1。"不得不"后面一般不接否定词。

3."只好"可以用在主语前,也可以用在主语后,如例2。"不得不"一般用在主语后。

4."不得不"除了表示"虽然不乐意,但是又别无选择"的意思之外,还有"必须"的意思,如例4、5。"只好"没有这个意思。

5."不得不"一般用于口语；"只好"没有语体限制。

	词性	共同语义	不同语义	用法		语体
不得不		都表示别无选择的意思	还有"必须"的意思	后面一般不接否定词	一般用在主语后	书面语
只好	副词			后面可以是否定词	可以用在主语前,也可以用在主语后	口语

一、填空：

1.不得不　2.只好　3.只好　4.只好　5.不得不

二、判断正误：
   1.（×） 2.（√） 3.（√） 4.（√） 5.（√）

略

何必　何苦

填空：
   1.何必　2.何苦　3.何必　4.何苦/何必

相同：1.都是副词。
   2.都用于反问句中，表示反问的语气。

不同：1."何必"的意思是"没有必要"；"何苦"的意思是"不值得"。
   2."何苦"一般可以用"何必"来代替，但是"何必"不一定能用"何苦"来代替，如例3、4。而且"何苦"比"何必"语气更重一些。
   3."何苦"单用时可以说成"何苦来（着）？"，"何必"不能。

	词性	不同语义	用法			
何必	副词	意思是没有必要	都用于反问句中，表示反问的语气	"何苦"一般可以用"何必"来代替，但是"何必"不一定能用"何苦"来代替	"何苦"比"何必"语气更重一些	单用时可以说成"何苦来（着）？"，"何必"不能
何苦		意思是不值得				

一、填空：
   1.何必　2.何必　3.何苦　4.何必　5.何苦/何必

284

二、判断正误:
1.(×)　2.(√)　3.(√)　4.(×)　5.(√)

略

何况　况且　再说

填空:
1.况且/何况/再说　2.何况　3.何况　4.何况/况且/再说

相同:1.都是连词。
　　2.都可以表示进一步申述或者追加理由。
不同:1."何况""况且""再说"都可以表示进一步申述或追加理由,并且都用在后一分句中,不同的是"何况""况且"一般用于书面语,"再说"用于口语。
　　2."何况"还可以用于反问句,表示两者比较起来,后者更进一层的意思。用于后一小句的句首。"况且""再说"没有这种用法。"何况"前可以加"更""又"等词。

	词性	共同语义	不同语义	用法	语体
何况	连词	都可以表示进一步申述或者追加理由	可以用于反问句	都用在后一分句中	前可以加"更""又"等词	书面语
况且					
再说					口语

285

一、填空：

　　1.何况　2.何况　3.何况　4.再说/况且　5.再说/况且

二、判断正误：

　　1.(×)　2.(√)　3.(√)　4.(√)　5.(×)

略

第十六课

巴不得　　恨不得

填空：

　　1.恨不得　2.巴不得　3.恨不得　4.巴不得

相同：1.都是动词结构。

　　　2.都表示一种急切的愿望。

不同：1."巴不得"所盼望的事常常是可以实现的,甚至是已经实现的,如例2、4、5。

　　　"恨不得"所盼望的事情常常是不能实现的,甚至有时带有比喻或夸张的语气,如例8、9、10。

　　　2."巴不得"后面可以是名词性词组,如例4、5,也可以是动词性词组或者小句子,如例1、2、3；"恨不得"后面一般是小句子。

　　　3."巴不得"的宾语可以是否定式,如例2；"恨不得"一般不接否定式。

　　　4."巴不得"可以加"的"修饰名词,做定语,如例6；"恨不得"不能。

　　　5."巴不得"可以单独作谓语,如例7；"恨不得"不能。

结构的性质	共同语义	不同语义	用法			
巴不得	动词结构	都表示一种急切的愿望	所盼望的事常常是可以实现的，甚至是已经实现的	后面可以是名词性词组，也可以是动词性词组或者小句子	宾语可以是否定式	可以加"的"修饰名词，作定语	可以单独作谓语
恨不得			所盼望的事情常常是不能实现的，甚至有时带有比喻或夸张的语气	后面一般是小句子	一般不接否定式		

一、填空：

1.巴不得 2.巴不得 3.恨不得 4.巴不得 5.恨不得 6.巴不得 7.恨不得 8.恨不得

二、判断正误：

1.(√) 2.(√) 3.(×) 4.(√) 5.(√) 6.(×) 7.(√) 8.(√)

二、略

好(不)容易   很难

填空：

1.好(不)容易 2.好(不)容易 3.很难 4.很难

相同：1. 都是"不容易"的意思。

2. 都可以用在动词前面做状语。

不同：1. "好（不）容易"一般是对已经发生的事情的陈述，说明这件事情实现得很不容易；"很难"用于对一般情况的描述。

2. "好不容易"和"好容易"意思一样，都是"不容易"的意思，而且它们的后面常常有"才"与之搭配。"很难"没有这个特点。

3. "很难"除了作状语（如例4），还可以作谓语（如例5），也可以作补语（如例6）；"好（不）容易"一般只作状语。

	共同语义	不同语义		用法
好不容易	都是"不容易"的意思	一般是对已经发生的事情的陈述	后面常常有"才"与之搭配	一般只作状语
很难		用于对一般情况的描述		作状语、谓语、补语

一、填空：

1. 好（不）容易　2. 很难　3. 好（不）容易　4. 好（不）容易　5. 很难

二、判断正误：

1.（×）　2.（√）　3.（×）　4.（√）　5.（√）

二、略

拿……来说　对……来说　在……看来

填空:
1. 拿……来说　2. 在……看来　3. 对……来说　4. 拿……来说　5. 在……看来　6. 对……来说/在……看来

相同:都是介词短语。

不同:它们虽然形式比较接近,但是意义完全不同,不能混淆。

"拿……来说"的意思是举出实例说明自己的意见或观点是正确的。"拿"是介词,引进所凭借的事实。

"对……来说"的意思是从某一方面给予评价。"对"是介词,引进对象或事物的关系者。

"在……看来"的意思是表示某人的看法。"在"是介词,主要是限定某人或某一种人。"看"是"看法"、"想法"的意思。

"对……来说"中间可以插入表示人或事物的有关词语;"在……看来"因为是表示一种看法,所以中间一般都是表示人的或跟人有关的某一阶层、某一集团的词语。

虽然有时"对……来说"和"在……看来"可以互换,但是所表示的语义是不同的。比如例5"香烟,对我来说几乎和粮食同等重要。"意思是客观评价香烟对他的重要性,也可以换成"在……看来",即"香烟,在我看来几乎和粮食同等重要。"是他对香烟重要性的一种看法。

"对……来说"有时也说成"对于……来说",意思不变。

	结构的性质	不同语义
拿……来说	都是介词短语	意思是举出实例说明自己的意见或观点是正确的
对……来说		意思是从某一方面给予评价
在……看来		意思是表示某人的看法

一、填空：
    1.对……来说(对于……来说) 2.在……看来/对……来说 3.对……来说/在……看来 4.拿……来说 5.在……看来 6.对……来说、对……来说 7.在……看来 8.对……来说/在……看来 9.拿……来说

二、判断正误：
    1.(√) 2.(√) 3.(√) 4.(×) 5.(√)

二、略

在……上　在……中　在……下

填空：
    1.在……上、在……上 2.在……中 3.在……上、在……上 4.……下 5.在……中 6.在……上

相同：1.都是"在"组成的介词结构。
      2.可以表示事物的方面、动作的范围、环境以及事情的条件或前提等等，但是因为"在"后面与之搭配的词不同，使用时有所侧重。

不同："在……上"主要表示"在某一方面"，如例1、2；也可以用来表示在某一个范围内，如例3、4；有时也可以表示事物发展的基点，如例5、6。另外，有时也表示在某个时间点上发生了什么，如"在十岁上，他跟爸爸去了国外。"能进入这一格式的词语多为名词或名词短语，有时也可以是动词或动词短语。

      "在……中"主要表示事情处在某一进程或状态中。常用的结构是"在＋名词短语/动词短语＋中"，如例7、8；有时也可以表示动作行为的范围，如例9、10；还可以表示某段时间，如例11、12。能进入这一格式的

大多是名词、名词短语、动词、动词短语或形容词。

"在……下"表示事情的前提和条件。常用的结构是"在＋名词短语＋下"名词短语的中心语是名词、动词或他们的兼类,如"情况、条件、领导、帮助、关心、指导、努力、教育、培养、安排"等等。中间多为名词短语或带有定语的双音节动词。

	结构的性质	不同语义	用法
在……上	介词结构	①表示"在某一方面" ②表示在某一个范围内 ③表示事物发展的基点	在+名词/名词短语+上 在+动词/动词短语+上
在……中		①表示事情处在某一进程或状态中 ②可以表示动作行为的范围 ③还可以表示某段时间	在+名词短语/动词短语+中
在……下		表示事情的前提和条件	在+名词短语+下

填空:

1.在……上 2.在……中 3.在……下 4.在……中 5.在……上 6.在……中 7.在……下 8.在……上 9.在……下

二、判断正误:

1.(√) 2.(√) 3.(√) 4.(√) 5.(×) 6.(×) 7.(×)

二、略

附 录

一、汉语词类英汉对照表：

1. 名词	noun
2. 动词	verb
离合词	discrete verb
能愿动词	modal verb
3. 形容词	adjective
4. 数词	numeral
5. 量词	classifier
6. 代词	pronoun
7. 副词	adverb
8. 介词	preposition
9. 连词	conjunction
10. 助词	particle
11. 象声词	onomatopoeic
12. 叹词	interjection

二、汉语语法术语英汉对照表：

1. 主语	subject
2. 谓语	predicate
3. 宾语	object
4. 定语	attribute
5. 状语	adverbial modifier or adverbials

6. 补语	complement
程度补语	complement of degree
结果补语	complement of result
趋向补语	complement of direction
可能补语	complement of potentiality
数量补语	complement of quantity
时量补语	complement of duration
动量补语	complement of frequency